Lotta und Luis
Der Fall X-mes

BLB

Kirsten Brünjes

Lotta und Luis
Der Fall X-mes

Adventskalender-Geschichte

Für Julius, den echten

Lektorat: Daniela Radermacher, Susanne Koch
Coverbild: Anna Karina Birkenstock, Hennef
Umschlaggestaltung: Luba Ertel
Illustrationen: Georg Design, Münster, www.georg-design.de
Satz und Gestaltung: Breklumer Print-Service, Breklum, www.breklumer-print-service.com
Druck: Finidr, s.r.o., Tschechische Republik

ISBN 978-3-95568-440-2
Bestell-Nr. 71046

www.bibellesebund.net

1.

Dezember

Auf dem Wohnzimmertisch brennt eine Kerze. Es ist Samstagmorgen vor dem ersten Advent. Während Lotta und Luis mit Mama gemütlich auf dem Sofa sitzen, hören sie gespannt zu, was Papa aus der Zeitung vorliest: „... und deshalb haben sich viele Kirchengemeinden der Stadt zu diesem außergewöhnlichen Weihnachts-Event zusammengeschlossen. *Der Fall X-mes* heißt die Ausstellung, die vom 1. bis 24. Dezember in der Stadthalle zu sehen ist. *X-mes* ist eine Abkürzung und lehnt sich leicht verändert an das englische Wort Christmas, also Weihnachten, an.

Die Bürgermeisterin, Frau Marianne Ehlers, hat verraten: ‚*X-mes* ist ein Geheimcode. Das *X* steht für das Kreuz, an dem Jesus sterben musste, und *mes* ist eine Abkürzung für das englische Wort message. Das bedeutet Nachricht. Das Anliegen der Kirchengemeinden ist, die ganze Nachricht von Weihnachten zu vermitteln. Und diese beginnt mit Adam und Eva, dem Anfang der Bibel. Wissen Sie', erklärte Frau Ehlers im Interview weiter, ‚niemand würde auf die Idee kommen, nachdem er eine winzige Szene aus dem Film ‚Star Wars' gesehen hat, zu behaupten, er habe den ganzen Film verstanden. Aber genau so geht uns das mit Weihnachten. Wir schauen uns ein Baby in der Krippe an und denken: Jetzt habe ich Weihnachten verstanden! *Der Fall X-mes* ist eine Ausstellung, die biblische Szenen darstellt, damit die Besucher Weihnachten im Zusammenhang der Bibel verstehen. Viele helfende Hände haben 24 Stationen aufgebaut, um den Besucher mit in die Geschichte hineinzunehmen und die Möglichkeit zu bieten, Weihnachten ganz neu zu begreifen.' ... Das klingt nach einem spannenden Weihnachtserlebnis für die ganze Familie", endet Papa.

Lotta springt vom Sofa auf. „Können wir dahin? Bitte! Das ist bestimmt total toll!"

„Star Wars kenn ich." Luis nickt begeistert. „Das ist der Mann mit der schwarzen Maske."

„Und der grüne Mops mit den langen Ohren", ergänzt Lotta.

„Ah, hier ist auch eine Internetseite angegeben, wo man sich schon mal ein paar Fotos der Ausstellung ansehen kann." Papa ist am Ende des Zeitungsartikels angelangt.

Lotta läuft los. „Ich hol dein Tablet, Papa! Dann können wir uns die Fotos direkt anschauen. Vielleicht kennen wir ja schon ein paar von den Geschichten, die für die Ausstellung ausgewählt wurden."

„Na, das interessiert mich jetzt auch", meint Papa.

Kurze Zeit später sitzen die Zwillinge mit Mama und Papa eng beieinander auf dem Sofa und schauen gespannt auf den Bildschirm.

„Das sind Adam und Eva und die Schlange", ruft Luis überrascht, nachdem Papa das erste Bild angeklickt hat. „Was haben die denn mit Weihnachten zu tun?"

„Und das sind die Zehn Gebote", entdeckt Lotta auf dem zweiten Bild und runzelt die Stirn. „Die haben doch auch nix mit Weihnachten zu tun."

„Ich vermute mal, dass der Zusammenhang in der Ausstellung erklärt wird", überlegt Mama. „Um Weihnachten so richtig zu verstehen, muss man eben die ganze Geschichte kennen. Wie Frau Ehlers gesagt hat: Ein Maskenmann und ein grüner Mops sind nur ein winziger Teil aus Star Wars und die Weihnachtsgeschichte ist nur ein winziger Teil von Gottes Rettungsplan für alle Menschen. Schaut mal, wer die Hauptverantwortliche für die Ausstellung ist. Die kennen wir doch!"

Lotta entdeckt ihre Gruppenleiterin vom Kindergottesdienst auf dem Foto. „Das ist Iris! Wenn die das macht, wird es bestimmt voll cool. Die weiß, was uns Kindern gefällt!"

„Noch ein Grund mehr, zur Ausstellung zu gehen", meint Papa lachend. „Dann bestell ich über die Internetseite hier doch gleich mal vier Karten für morgen. Es gibt Führungen, zu denen man sich anmelden muss. Mal schauen, ob noch etwas frei ist. – Ja, das hat geklappt."

Lotta jubelt. Auch Luis freut sich und kündigt wichtig an: „Dann werden wir auch das Rätsel lösen, was Adam und Eva mit Weihnachten zu tun haben. Wie richtige Detektive!"

2.
Dezember

Am nächsten Morgen erzählen die Zwillinge im Kindergottesdienst begeistert, dass sie heute mit Mama und Papa zur Ausstellung gehen werden. Iris freut sich. „Super! Die Ausstellung ist wirklich toll geworden! Wir hatten schon bei der Planung und beim Aufbau so viele begabte Helfer. Und viele Leute aus ganz verschiedenen Kirchengemeinden werden in den nächsten Wochen bei den Führungen mithelfen."

Gleich nach dem Mittagessen machen sich Lotta und Luis mit ihren Eltern auf den Weg zur Stadthalle. Als sie auf den Parkplatz fahren, entdeckt Lotta ein Polizeiauto vor dem Eingang.

„Was macht denn die Polizei hier? Will die auch in die Ausstellung?"

„Das glaub ich nicht. Wenn die Polizei da ist, wurde bestimmt etwas gestohlen!" Das weiß Luis aus seinen Detektiv-Büchern.

Als die Familie kurz darauf die Stadthalle erreicht, sieht sie mehrere Personen im Eingangsbereich stehen: einen Polizisten und eine Polizistin, einige Leute, die sie nicht kennen, und mittendrin steht Iris. Als Lotta und Luis, gefolgt von ihren Eltern, das Gebäude betreten, werden sie sofort von dem Polizisten aufgehalten: „Tut mir leid, die Ausstellung ist geschlossen."

Lotta hält die Eintrittskarten hoch. „Wir haben aber schon bezahlt!"

Der Polizist lächelt. „Das Geld wird euch bestimmt zurückerstattet. Aber die Ausstellung wurde total verwüstet."

Mama und Papa schauen sich erschrocken um.

Luis beobachtet die Leute im Raum genauer. Iris und ihr Mann Rolf stehen mit der Polizistin zusammen. Ein älterer Junge sitzt auf einem Stuhl und spielt auf seinem Smartphone. Das ist doch Julius, der Neffe von Iris! Den kennen die Zwillinge ein bisschen, da er Iris schon mal bei einer Schatzsuche im Kindergottesdienst geholfen hat. Eine weitere Gruppe von vier Erwachsenen steht an einer großen Tür und schaut in den Saal dahinter. Sie schütteln immer wieder ungläubig den Kopf.

Gerade will Luis sich auf den Weg zu Iris machen, da sieht er, wie Lotta in die hintere Ecke des Raumes geht. Dort sitzt eine ältere Frau. Was will Lotta dort? Doch dann versteht Luis, wo seine Schwester hinwill: Am Stuhlbein ist ein wunderschöner Hund festgebunden. Als der Lotta bemerkt, wedelt er freudig mit dem Schwanz und zieht an dem Stuhl. Dadurch wird die Frau auf Lotta aufmerksam. Sie wischt sich Tränen aus dem Gesicht und lächelt traurig. „Hach, das ist alles so furchtbar. Komm ruhig näher, du kannst meine Bonny gerne anfassen. Die mag es, gestreichelt zu werden. Und Kinder sind ihr sowieso am liebsten."

Begeistert streichelt Lotta den Hund. „Die Polizei wird das schon aufklären", versucht sie, die Frau zu trösten.

Inzwischen ist die Polizistin zu der Gruppe von Leuten an der großen Tür gegangen und Iris kommt auf Mama, Papa und Luis zu. „Ach, ihr Lieben, es tut mir so leid. Es ist einfach schrecklich. Als Gertrud die Ausstellung um 14 Uhr wieder öffnen wollte, war alles verwüstet. Sie hatte sich bereit erklärt, hier die Stellung zu halten, da die Gruppe für 13 Uhr abgesagt hat. Die anderen Mitarbeiter konnten somit für eine kurze Pause nach Hause gehen. Gertrud hat sich auf einen Stuhl in die Eingangshalle gesetzt und ein wenig ausgeruht. Dabei muss sie wohl eingeschlafen sein. Jedenfalls haben wir um 14 Uhr eine verwüstete Ausstellung vorgefunden. Viele Vorhänge, die die einzelnen Räume trennen, sind runtergerissen. Teile der Requisiten sind zerstört. Dabei haben wir die Ausstellung doch gerade erst eröffnet. Hunderte von Karten sind bis Heiligabend schon verkauft. Wir sind ruiniert."

„Nicht, wenn wir das Ganze wieder aufbauen!" Julius ist dazugekommen. „Ich habe gerade ein paar Freunde per Handy angefragt. Die helfen alle mit, die kaputten Sachen zu ersetzen. Das machen sie übers Internet. Zusammen können wir das schaffen. Und spätestens am Mittwoch geht es weiter! Was ist mit dir?" Julius schaut Luis an. „Du hast doch bestimmt auch ein paar gute Freunde, die mithelfen könnten, hier aufzuräumen, oder?"

Luis nickt. „Klar, hab ich die!"

3.
Dezember

Iris ist noch nicht überzeugt. „Ach, Julius, das ist lieb gemeint. Aber es sind so viele Dinge zerstört. Wir können das alles nicht noch mal neu kaufen. Dazu fehlt uns das Geld, und das dauert auch viel zu lange."

Doch Julius gibt nicht auf. „Ich kenne da so eine Tante, die sagt immer: ‚Für Gott ist nichts unmöglich und das gilt auch heute noch!' Und das hier ist doch eine Ausstellung, die Gott wichtig ist, oder?"

Iris seufzt. „Was bist du nur für ein kluger Junge. Und wie ich dich kenne, hast du bestimmt schon einen Plan, oder?"

Julius grinst. „Klaro, Tantchen. Sobald die Polizei den Tatort freigibt, machen wir eine Bestandsaufnahme. Am besten sortieren wir die Dinge nach ‚brauchbar' und ‚kaputt'. Dann können meine Freunde über die sozialen Netzwerke nach Spenden für die kaputten Dinge fragen. Währenddessen können die Aufbauarbeiten schon beginnen und dann steht das Ganze bis spätestens Dienstagabend zu einem großen Reopening. Die ganze Story vermarkten wir bei Insta und Facebook und in den lokalen Medien, und ihr habt noch extra Publicity!"

Luis hat nur die Hälfte verstanden. Aber er findet Julius ziemlich cool und will dabei sein. Mit Sicherheit helfen Abdul und Joschua auch mit.

Inzwischen sind Lotta, Bonny und Gertrud dazugekommen. Gertrud ist immer noch untröstlich. „Hätte ich doch nur nicht geschlafen, dann hätte ich bestimmt die Einbrecher gesehen." Zur Bestätigung bellt Bonny laut und läuft an ihrer langen Leine aufgeregt zwischen den Leuten hin und her. Dabei verwickelt sie Mama und Luis in ihre Leine.

Luis lacht und streichelt Bonny. „Du bist ja ein verrückter Hund."

Gertrud ist ein wenig beleidigt. „Na na, junger Mann. Die Bonny ist ein ganz feiner Hund, einfach ein bisschen lebendig. Und das ist genau das, was mir so guttut. Weißt du, Junge, mir geht es nicht so gut, gesundheitlich und ..."

Julius unterbricht Gertrud. „Also, Iris und Rolf, ihr seid doch so was wie die Chefs hier." Er schaut seine Tante und seinen Onkel an, der auch dazugekommen ist. „Was haltet ihr von meiner Idee?"

Rolf nickt. „Ich denke, du hast recht, Julius. Wir dürfen nicht aufgeben. Wir haben so viele Monate für diese Ausstellung gebetet, sie geplant, organisiert und Zeit, Geld und Kraft investiert. Wer auch immer das Chaos angerichtet hat, darf unseren Traum nicht zerstören, viele Menschen die Weihnachtsgeschichte ganz neu entdecken zu lassen. Ich rede mit der Polizei, und dann überlegen wir weiter. Lisa und Tom, würdet ihr uns helfen?"

Mama und Papa sind sofort dabei.

„Lotta und ich helfen auch!", verkündet Luis.

„Wobei helfen wir?", will Lotta wissen, die mit Bonny gespielt und deshalb den ersten Teil des Gesprächs verpasst hat.

„Die Ausstellung aufzubauen, damit man sie so schnell wie möglich wieder besuchen kann", erklärt Luis.

Lotta ist sofort dabei. „Logisch! Und unsere Freunde aus der Schule helfen bestimmt auch. Mit denen haben wir schon 'ne Menge Dinge gemeinsam gemacht!"

„Dann rede ich mal mit der Polizei." Rolf macht sich auf den Weg, doch Julius hält ihn am Arm fest. „Können Luis und ich mitkommen?"

Rolf ist einverstanden. „Na dann los, ihr zwei."

Julius kommt ganz dicht an Luis heran. „Halt die Augen auf, ja? Mir geht es nicht nur darum, hier beim Aufbau zu helfen. Ich will auch den Einbrecher finden. Aber das müssen die Erwachsenen nicht wissen. Die verbieten sonst zu viel. Vielleicht gelingt es uns, direkt nach den Polizisten als Erste einen Blick auf den Tatort zu werfen und ein paar Spuren zu sichern." Lotta folgt den Jungs. Sie möchte zu gerne wissen, was die beiden da so Geheimnisvolles zu besprechen haben.

4.

Dezember

Vor der großen Tür zum Ausstellungsraum steht die Polizistin. Der andere Polizist hat sich mit den Helfern der Ausstellung an einen Tisch zurückgezogen und schreibt deren Aussagen auf. Die Tür steht halb offen und ist mit einem Flatterband abgesperrt. Rolf spricht die Polizistin an: „Was meinen Sie, wie lange werden Sie hier brauchen? Wir würden die Ausstellung gerne so schnell wie möglich wieder aufbauen. Viele Menschen haben sich angemeldet, und dieses Event liegt uns sehr am Herzen."

Die Polizistin nickt. „Das kann ich gut verstehen. Meine Familie und ich haben auch Karten für den 23. Dezember. Ich weiß gar nicht, wie ich meinen Töchtern erklären soll, dass eins ihrer Weihnachtsgeschenke nun wegfällt. Ich denke, wir brauchen hier zwei bis drei Stunden. Es ist unwahrscheinlich, dass wir konkret nach einem Täter fahnden können. Beim Aufbau in der letzten Woche haben unzählige Leute Fingerabdrücke und Fußspuren hinterlassen. Wir werden wohl eine Anzeige gegen Unbekannt aufnehmen und hoffen, dass wir ein paar Zeugen finden. Viel Hoffnung kann ich Ihnen da nicht machen."

Julius wirft Luis einen vielsagenden Blick zu, und während Rolf und die Polizistin sich noch eine Weile unterhalten, schieben sich die beiden Jungs an den Erwachsenen vorbei und spähen durch die halb offene Tür.

Luis' erster Blick fällt auf den riesigen Weihnachtsbaum, der in der hinteren Ecke des großen Saales steht. Er leuchtet hell über der zerstörten Szene davor. Direkt daneben steht ein meterhohes Holzkreuz, das rot angestrahlt ist. Die gesamte Halle muss in kleine Räume und Gänge dazwischen unterteilt gewesen sein. Die Wände bestanden größtenteils aus langen Stoffbahnen, die zwischen Pfosten hingen. Teilweise stehen diese Wände noch. Vieles ist heruntergerissen, zerbrochene Gefäße liegen auf dem Boden, eine Art Mauer ist eingerissen und ein Baum aus Pappe umgefallen. Nur wenige Meter vom Eingang entfernt liegt eine große Schlange.

„Ihh!", kreischt Lotta. „Ist die echt?" Unbemerkt ist sie von hinten an die Jungs herangetreten.

Luis erschrickt. „Mensch, Lotta, schrei doch nicht so! Natürlich ist das ein Stofftier! Sieht aber richtig zerstört aus, das Ganze."

„Wer macht denn so was?" Lotta hat sich wieder beruhigt und schaut sich traurig um.

„Das wollen wir ja herausfinden", flüstert Julius. „Die Polizei wird nicht viel machen. Aber wir können Spuren suchen, wenn wir es schaffen, vor den Erwachsenen hier reinzukommen."

Lotta bekommt große Augen. „Ist das nicht gefährlich?"

„Na, ein Kindergeburtstag ist das nicht. Aber der Täter ist hier fertig, denke ich. Entweder ging es ihm darum, die Ausstellung zu verhindern, und dann wird es natürlich wieder gefährlich, sobald alles wieder aufgebaut ist, oder er hat was gesucht und gestohlen. Dann gehe ich mal davon aus, dass er es gefunden hat." Julius beugt sich so weit wie möglich vor, um den gesamten Raum zu überblicken.

Lotta ist das unheimlich. „Also, falls der wiederkommt, möchte ich nicht alleine, ohne Erwachsene, hier sein!"

Für Luis klingt das nach einem tollen Abenteuer. „Ich bin dabei. Und ich denke, meine Freunde auch. Wir haben schon mal einen schwierigen Fall mit einer verschwundenen Jacke gelöst. Und das war auch richtig gefährlich."

Lotta kann sich gut daran erinnern. „Stimmt. Und danach haben wir Mama und Papa versprochen, immer alles zu erzählen. Dann können sie uns nämlich zu Hilfe kommen!"

Richtig, daran kann Luis sich jetzt auch erinnern. Er möchte aber unbedingt mit Julius den Täter finden. „Wir können ja sagen, dass wir vor den Erwachsenen in den Saal möchten. Mama und Papa haben bestimmt nichts dagegen, wenn wir ein bisschen Detektiv spielen."

Julius schnaubt verächtlich. „Das ist kein Spiel. Wir haben es mit einem richtig fiesen Täter zu tun, den wir schnappen müssen. Aber okay, dann erfindet ihr mal 'ne Story, die uns eine Stunde Vorsprung gibt, und ich kümmere mich um die Ausrüstung zur Spurensicherung! Und alles Weitere klären wir später. Huahhh!"

Jetzt ist es Julius, der erschrickt. Eine nasse Hundezunge leckt ihm über die Hand. Bonny hat ihre lange Leine genutzt, um bis zu den Kindern zu kommen. „Weg mit dir. Ich bin allergisch gegen Hunde!"

5.

Dezember

Lotta ruft den Hund zu sich. „Komm schnell, Bonny." Schwanzwedelnd springt die Hündin an Lotta hoch und hinterlässt erdigbraune Pfotenabdrücke auf ihrer hellen Hose. „So ein Mist!" Lotta rubbelt mit der Hand über die Flecken, aber das macht es nur schlimmer. Doch wirklich böse sein, kann sie Bonny nicht. „Das ist so ein süßer Hund! Und bestimmt ein super Detektiv-Hund. Such, Bonny, such den Einbrecher!" Bonny beginnt zu winseln und versucht, sich durch den Türspalt zu zwängen. Aber die Leine ist zu kurz. Bonny zerrt daran und beginnt zu bellen.

Die Polizistin wird aus dem Gespräch mit Rolf gerissen und wendet sich den Kindern zu. „So, nun habt ihr genug gesehen." Sie schließt die Tür. „Sobald der Tatort freigegeben wird, könnt ihr mit dem Aufbau beginnen."

Oder damit, den Täter zu finden, denkt Luis den Satz weiter.

Gertrud holt ihren Hund, und die Kinder ziehen sich in die hinterste Ecke des Raumes zurück. „Ich bin dieses Wochenende bei Iris und Rolf", erklärt Julius. „Meine Eltern holen mich erst heute Abend ab. Bis dahin müssen wir alle Beweise aufgenommen haben. Zum Glück habe ich meinen Detektivkoffer mit zu meiner Tante und meinem Onkel genommen. Ich hatte ein paar neue Sachen bestellt und wollte die am Wochenende ausprobieren. Also ist die Ausrüstung da. Jetzt bist du dran, Luis. Wie bekommst du die Erwachsenen überredet, dass ihr vor dem Aufbautrupp hier sein könnt?"

Luis überlegt. „Ich bin dafür, dass ich Mama und Papa sage, dass wir vorher in den Saal möchten, um Detektiv zu spielen. Für so was haben sie Verständnis. Die müssen nicht wissen, dass wir echte Detektive sind, oder Lotta?"

„Nee, müssen sie nicht, weil die uns das sowieso nicht glauben würden. Aber warum sagen wir das nicht Iris und Rolf? Wenn die hier die Chefs sind, dann können die doch bestimmen", überlegt Lotta.

„Guter Einwand!" Julius nickt langsam. „Dann hoffe ich mal, dass meine Tante auch ein weiches Herz für Detektive hat. Wir brauchen übrigens noch einen Code-Namen für den Fall und Decknamen für uns."

Luis' Blick fällt auf das große Plakat im Eingangsbereich, auf dem die Ausstellung angekündigt wird. „Wie wäre es mit *Der Fall X-mes?*"

„Einfach, logisch und passend. Den nehmen wir." Julius tippt alles in sein Handy.

„Und was sind Decknamen?", will Lotta wissen.

„Na, du könntest zum Beispiel ‚Tatze' heißen, mit dem Stempel auf der Hose." Julius zeigt auf den Fleck auf Lottas Hose.

Lotta grinst. „Cool! Und du ‚Boss'. Du bist doch der Chef von unseren Ermittlungen."

Damit ist Julius einverstanden. „Fehlst nur noch du, Luis. Wie wäre es mit ‚Bro', das ist eine Abkürzung für brother, also Bruder. Du bist Lottas Bruder und für mich so was wie ein Detektiv-Bruder."

„Klingt gut, aber was genau machen wir mit diesen Namen?", fragt Luis interessiert.

„Wir können uns geheime Botschaften zukommen lassen. Dann wissen wir, wer gemeint ist, aber niemand sonst, zum Beispiel: Tatze redet mit Iris. Boss besorgt den Koffer. Bro kontaktet Freunde", erklärt Julius.

„Alles klar!" Lotta läuft direkt zu Iris und zupft sie am Ärmel. „Wir brauchen deine Hilfe. Kannst du mal kommen?" Iris folgt Lotta zu den Jungs. Julius steckt sein Handy in die Tasche und raunt Luis zu: „Das war eigentlich nur ein Beispiel. Ich meinte nicht, dass deine Schwester sofort starten soll."

Luis grinst. „Tatze startet immer sofort. Das solltest du ab jetzt wissen." Und schon steht Iris vor den Kindern und schaut sie erwartungsvoll an.

Luis redet als Erster. „Iris, uns ist das hier total wichtig. Wir helfen gerne, bringen Freunde mit und machen, was du uns sagst. Aber wir hätten da auch einen Wunsch: Können wir vor dem Aufbau einmal mit unseren Detektivsachen durch den Saal gehen. Wir machen nichts kaputt – ist ja schon alles kaputt. Wir fotografieren und gucken nach Spuren, die die Polizei vielleicht übersehen hat."

Julius nickt heftig. „Die Fotos brauchen wir eh für die Publicity. Und wir machen dann einfach ein paar mehr und gehen mit den Daten sorgsam um."

Lotta nimmt Iris' Hand. „Bitte Iris. Das dauert auch echt nicht lange."

6.
Dezember

Iris schaut in die erwartungsvollen Kinderaugen. „Das können wir gerne so machen. Rolf hat mit den Polizisten vereinbart, dass sie ihn anrufen, sobald der Tatort freigegeben ist. Ich werde dann alle Helfer informieren, dass wir uns eine Stunde später treffen. Die Stunde dazwischen gehört euch! Wir haben einen Schlüssel und können schon mal mit euch dreien herkommen, um alles für die Aufbauaktion vorzubereiten und die Helfer in Empfang zu nehmen."

Die Kinder jubeln!

Julius wendet sich an die Zwillinge. „Was meint ihr, wie schnell könnt ihr eure Freunde erreichen, ob sie dabei sind? Meine wohnen zu weit weg."

„Wir rufen sie gleich von zu Hause aus an", schlägt Luis vor. „Wenn Joschua und Abdul hören, dass wir einen Einbruch aufklären wollen, sind sie bestimmt sofort dabei."

Iris wirkt nun doch beunruhigt. „Die gefährlichen Sachen überlasst ihr aber der Polizei. Darauf verlasse ich mich!"

Julius lächelt superfreundlich. „Natürlich, du kennst mich doch!"

Iris wuschelt ihm durch die Haare. „Eben drum. Deshalb sag ich das ja!"

Julius duckt sich unter Iris' Hand weg. „Hey, meine Frisur! Ich bin doch keine fünf mehr!"

Iris lacht und reißt die Hand hoch. „Entschuldigung, habe ich kurz vergessen. Dann lasst uns jetzt erst mal nach Hause fahren. Hier können wir gerade nichts mehr tun."

Lotta verabschiedet sich noch schnell von Bonny. Die leckt ihr vor Begeisterung durchs Gesicht. „Igitt." Das ist Lotta nun doch ein bisschen zu viel des Guten.

Gertrud ist immer noch traurig. „Das ist alles meine Schuld. Warum bin ich auch immer so müde? Aber dass die Bonny nicht gebellt hat, verstehe ich nicht. Die ist doch so ein guter Wachhund."

Luis notiert sich Gertruds letzten Satz in Gedanken. Der Einbrecher muss entweder durch einen anderen Weg in den Saal gekommen sein oder der Hund hat ihn gekannt. Bonny ist wild, und davon wäre Gertrud bestimmt aufgewacht, kombiniert er weiter. Es sei denn ...

Luis hat plötzlich einen Verdacht. Mama, Papa und Lotta machen sich schon auf den Weg zurück zum Auto, doch Luis will unbedingt noch kurz mit Julius reden.

„Lotta, ich komme sofort nach!" Er entdeckt Julius und läuft schnell zu ihm. Luis schaut sich um, bevor er leise spricht. „Wir sollten Gertrud im Auge behalten. Ich finde, ein Mittagsschläfchen ist kein gutes Alibi."

Julius nickt ernst. „Das habe ich mir auch schon überlegt. Gertrud wirkt super harmlos, aber das kann auch ein Trick sein. Ich werde Iris und Rolf über sie ausfragen, die kennen sie, glaube ich, ganz gut. Und noch was, Bro: strenge Geheimhaltung vor allen Erwachsenen, okay?"

Luis versteht sofort, dass er in Iris' Gegenwart zu viel verraten hat. „Tut mir leid, ich war einfach so aufgeregt. Das ist ein echt großer Fall!"

„Genau, und deshalb ist das ja so wichtig. Also, bis später. Ich klemm mich mal in Social Media und versorge meine Freunde mit Informationen zu zerstörten Dingen. Beim Blick in den Saal vorhin hab ich schon 'ne Menge entdeckt, was ersetzt werden muss. Nachher werden wir mit unserer Tatortbegehung und dem Wegräumen der kaputten Gegenstände genug zu tun haben. Morgen kann ich dann vielleicht schon Ersatz mitbringen. Meine Mum arbeitet morgen nur bis Mittag, und sie hat versprochen, mich noch mal herzubringen. Ihr liegt die Ausstellung auch total am Herzen."

Luis ist beeindruckt, an was Julius alles denkt und welche Möglichkeiten er mit seinem Smartphone hat. Doch jetzt muss er sich beeilen, um seine Familie einzuholen. Hoffentlich können Joschua und Abdul heute mitkommen.

Lotta sitzt schon mit Mama und Papa im Auto. „Können wir gleich, wenn wir zu Hause sind, unsere Freunde anrufen?" Lotta ist total aufgeregt.

7.

Dezember

Mama nickt. „Ja, ihr könnt eure Freunde gleich anrufen, sobald wir zu Hause sind. Wo bleibt Luis denn?"

„Der wollte noch kurz was mit Julius besprechen, kommt aber sicher gleich." Lotta kann es kaum erwarten, zu Hause zu sein. „Sophie und Aylin machen bestimmt mit."

Papa schaut auf das Polizeiauto vor der Stadthalle. „Iris wird uns anrufen, sobald die Polizei weg ist und wir mit dem Aufräumen beginnen können. Wenn eure Freunde mithelfen dürften, wäre das super. Je mehr Helfer wir haben, desto besser. Einen könnten wir nachher auch im Auto mitnehmen, die anderen müssten dann selber für eine Fahrgelegenheit sorgen."

Nun ist auch Luis ins Auto gestiegen und hat Papas letzten Satz mitbekommen. „Julius und ich haben gerade noch mit Iris gesprochen. Bevor die anderen Helfer zum Aufräumen kommen, dürfen wir uns noch eine Stunde in der verwüsteten Ausstellung umsehen. Wir wollen Fotos für die Zeitung machen und alle kaputten Sachen, für die wir Ersatz brauchen, auf eine Liste schreiben. Iris holt Lotta und mich zu Hause ab, damit ihr nicht zweimal fahren braucht. So habt ihr dann noch eine Stunde für euch alleine zu Hause." Luis findet, dass das ein sehr gutes Argument ist, wenn Eltern etwas Zeit für sich haben.

Mama lacht. „Einverstanden!"

Zu Hause schnappt sich Lotta als Erste das Telefon und ruft Sophie und Aylin an. Beide Mädchen haben heute Nachmittag Zeit. Sophies Mama wird die beiden zur Stadthalle bringen. Danach meldet Luis sich bei seinen Freunden. Auch Abdul und Joschua haben Zeit, aber keine Möglichkeit zur Stadthalle zu kommen.

„Lotta und ich werden von Iris abgeholt. Aber ihr passt bestimmt noch bei Sophie und Aylin ins Auto. Ich sag Lotta, dass sie noch mal bei Sophie anrufen und das klären soll." Nun ist Lotta wieder an der Reihe, Sophie zu fragen, ob sie auch die beiden Jungs mitnehmen können. Sophies Mama ist einverstanden.

„Puh, das ist ganz schön kompliziert", findet Luis. „Wenn Iris anruft und sagt, wann sie uns abholen kommt, müssen wir noch mal alle anrufen, weil wir jetzt ja noch keine Uhrzeit sagen konnten."

„Ihr macht das toll", lobt Mama.

„Mit einem Handy hätten wir an alle eine Nachricht schicken können und wären in ein paar Sekunden fertig damit", merkt Luis an, der jede Gelegenheit nutzt, Mama und Papa davon zu überzeugen, dass er und Lotta unbedingt ein Handy brauchen.

„Das ist richtig", stimmt Papa zu, merkt dann aber augenzwinkernd an, dass solche Umstände zum Glück nicht sehr oft vorkommen.

Bevor Luis etwas darauf antworten kann, klingelt das Telefon. Luis nimmt das Gespräch an. Es ist Julius. „Hi! Der Tatort ist freigegeben. Wie sieht es mit euren Freunden aus?"

„Die sind alle dabei!"

„Okay, dann kommen wir jetzt und holen euch ab. Bis gleich!" Schon hat Julius aufgelegt und Luis wählt direkt Abduls Nummer. Er erreicht seinen Freund sofort. „Es geht los. Sag bitte Joschua Bescheid. Wir werden jetzt abgeholt." Luis beendet das Gespräch und reicht das Telefon an Lotta weiter. Bei Sophie ist es besetzt, aber Aylin erreicht sie.

„Es geht los. Bitte melde du dich bei Sophie, da ist besetzt. Wir werden jetzt abgeholt." Lotta legt das Telefon zur Seite und schlüpft rasch in ihre Jacke und Schuhe. Luis rennt eilig die Treppe hinauf, um seine Walkie-Talkies, ein Fernglas, einen Block und ein paar Stifte in einen Rucksack zu stopfen.

Lotta ruft nach oben: „Beeil dich, Iris und Rolf sind schon da." Luis stürmt die Treppe herunter, schlüpft in ein Paar Turnschuhe und nimmt seine Jacke vom Haken. Im Laufen versucht er, seine Jacke anzuziehen, doch mit dem Rucksack ist das unmöglich.

Als sie zu dritt auf der Rückbank sitzen, muss Luis erst mal verschnaufen. Julius klopft ihm freundschaftlich auf die Schulter. „Alles klar bei dir?"

Luis nickt und quetscht sich in die Jacke. „Die Polizisten sind aber schnell fertig mit ihrer Arbeit."

„Hab ich mir schon gedacht. Die machen nicht viel. Deshalb müssen wir jetzt ran." Julius niest heftig und schaut sich um. Sein Blick bleibt an Lottas Hose hängen. „Du hast ja noch immer die Hundeklamotten an. Blöde Allergie!"

Lotta ist empört. „Also zum Hosewechseln war nun wirklich keine Zeit!"

8. Dezember

Die Stadthalle liegt dunkel und still vor ihnen. Gemeinsam machen die fünf sich auf den Weg zur Eingangstür. Rolf schließt die große Glastür auf. Julius trägt seinen Detektivkoffer bei sich und drückt auf den erstbesten Lichtschalter.

„Na dann, viel Erfolg euch", wünscht Iris den Kindern. „Rolf und ich müssen einiges aus dem Auto in die Eingangshalle tragen und werden dort auf die Helfer warten. Ihr habt also ungefähr eine Stunde Zeit, bis wir in den Saal kommen." Iris schaut auf ihre Uhr. „Also bis 17 Uhr. Und bitte räumt nichts um. Ich hoffe einfach, dass die meisten Dinge noch ungefähr an ihrem Platz liegen. Das erleichtert uns das Aufbauen."

„Alles klar, Tantchen. Gleich kommen noch ein paar Freunde von Lotta und Luis. Die könnt ihr dann zu uns schicken, ja?" Julius wartet die Antwort gar nicht ab, sondern verschwindet direkt durch die große Saaltür. Lotta und Luis folgen ihm. Drinnen ist alles dunkel, nur der geschmückte Weihnachtsbaum leuchtet, und das große Holzkreuz ragt aus einem der abgetrennten Räume hinaus.

Irgendwie findet Luis das eigenartig. „Also, wenn ich die Ausstellung zerstören möchte, dann würde ich als Erstes den Weihnachtsbaum und das Kreuz umwerfen. Die scheinen ganz wichtig für die Ausstellung zu sein."

Julius nickt anerkennend. „Gut kombiniert. Was sagt uns das?"

„Na, dass der Kaputtmacher entweder keine Ahnung hat, was hier wichtig ist, oder der war zu schwach, um die großen Dinge umzuschmeißen!", überlegt Lotta.

„Sehr gut, Tatze. Ich würde auf schwach tippen, weil der Baum und das Kreuz die ganze Szene bestimmen. Da muss doch jeder drauf kommen, dass die wichtig sind." Julius legt seinen Koffer auf den Boden und öffnet ihn. Die Zwillinge staunen, was sich alles darin befindet. Als Erstes nimmt Julius Einweg-Plastik-Handschuhe heraus. „Hier, zieht die an. Unsere Fingerabdrücke wollen wir lieber nicht hinterlassen." Danach holt er eine Kamera aus dem Koffer. „Tatze, kannst du jeden einzelnen Bereich im Raum fotografieren? Mach bitte so viele Fotos wie möglich. Ich suche später die besten am Laptop aus."

Lotta nimmt die Kamera entgegen und lässt sich die wichtigsten Funktionen von Julius erklären. „Hier kannst du scharf stellen und hier zoomen. Dann einfach auf den roten Knopf drücken. Die Kamera findet automatisch die beste Beleuchtung. Die Beweisfotos können wir nur jetzt machen. Sobald die Helfer hier auftauchen, wird nichts mehr so sein wie frisch nach der Tat."

Lotta ist stolz auf ihre wichtige Aufgabe und macht sich auf den Weg.

Nun wendet Julius sich an Luis. „Hast du schon mal Fingerabdrücke genommen?"

Luis nickt. „Ja, ich hatte mal so ein Detektivset mit schwarzem Pulver."

„Genau. Wir wissen nicht, was der Täter alles angefasst hat. Und es werden hier eine Menge Fingerabdrücke sein, weil viele Leute mit aufgebaut haben. Vielleicht finden wir aber trotzdem einen Fingerabdruck, der häufiger auftaucht, und wir können ihn mit dem der Verdächtigen abgleichen." Julius gibt Luis eine Dose mit schwarzem Pulver, einen Pinsel und Tesafilm. Dazu bekommt er ein weißes Blatt Papier. „Sobald einer deiner Freunde auftaucht, macht ihr das am besten zu zweit."

„Haben wir denn schon weitere Verdächtige außer Ger…?", weiter kommt Luis nicht, da Julius ihm den Finger auf den Mund legt.

„Schschscht, wir verwenden für unsere Verdächtigen nur die ersten Buchstaben des Namens und sprechen die englisch aus."

Luis kombiniert. „Das wäre bei der aktuellen Verdächtigen also ‚G' – ‚Dschi' ausgesprochen, oder?"

Julius nickt anerkennend. In diesem Moment öffnet sich die Saaltür und vier Kinder kommen herein. Julius pfeift durch die Zähne. „Cool. Das ging aber schnell."

„Boah, Mann, was hat hier denn eingeschlagen?" Abdul schaut sich um und schüttelt ungläubig den Kopf.

Aylin und Sophie fassen sich erschrocken an der Hand, und Joschua ist einfach nur geschockt.

„Wer macht denn so was?"

9. Dezember

Julius begrüßt die Freunde von Lotta und Luis. „Hi, ich bin Julius. Schön, dass ihr da seid. Wir haben nur wenig Zeit, bevor die Erwachsenen zum Aufräumen hier reinkommen. Da die Polizei bisher keine Spur zum Täter hat, ist es unsere Aufgabe, die zu finden. Seid ihr dabei?"

„Klaro, deshalb sind wir doch hier. Was kann ich machen?" Abdul ist sofort Feuer und Flamme.

„Du könntest mit Luis Fingerabdrücke nehmen", schlägt Julius vor und reicht ihm ein paar Einweg-Handschuhe.

Abdul läuft schnell zu Luis. „Ich weiß, wie das geht. Gib mal das Pulver. Ich pinsel und du machst das mit dem Tesafilm. Das klebt immer überall, nur nich' da, wo es soll." Abdul nimmt Luis den Pinsel ab. „Was iss'n das hier für 'n Museum, irgendwas mit Weihnachten, oder?"

Luis reißt einen Tesafilmstreifen ab und klebt ihn auf eine Tonscherbe. Das war mal ein Blumentopf, doch der ist nun zerstört. Auf der Scherbe lässt sich ein Fingerabdruck erkennen. „So genau weiß ich das auch nicht. Es war ja schon alles zerstört, als wir angekommen sind. Ja, es geht um Weihnachten, aber noch um viel mehr. Das ist anscheinend so ein bisschen wie bei Star Wars, wo man die Geschichte nur kapiert, wenn man den Film von Anfang an guckt."

Abdul schaut sich um. „Also, mit Star Wars hat das hier nix zu tun. Von Star Wars kenn ich alle Filme und Serien!"

Aylin und Sophie werden von Julius mit Handschuhen, einer Pinzette und kleinen Plastiktüten ausgestattet. „Sammelt alles ein, was euch verdächtig vorkommt: Dreck, Haare, Zigarettenstummel, Stoffreste. Alles, von dem ihr meint, das gehört hier nicht hin. Und wenn ihr mal nicht sicher seid, dann tütet es trotzdem ein."

„Und wir beide suchen den Fußboden nach Spuren ab." Julius reicht auch Joschua Handschuhe und einen größeren Pinsel. „Wenn du etwas gefunden hast, melde dich, damit ich ein Foto mit meinem Handy schießen kann. Die Kamera hat Tatze."

„Wer?" Joschua ist verwirrt.

Julius lacht. „Ach so, Lottas Deckname ist Tatze, weil sie einen Tatzenabdruck auf der Hose hat. Hier war vorhin so ein wilder Hund, der war recht anhänglich. Aber vielleicht ist es doch besser, wir nehmen unsere richtigen Namen, da muss ich mir schon genug merken! Wie heißt du denn?"

„Joschua. Vielleicht könnten wir den Hund als Suchhund gut gebrauchen?", überlegt Joschua.

„Nee, bloß nicht. Ich hab 'ne Hunde-Allergie. Außerdem ist das Tier total crazy und rennt nur rum. Als Detektivhund taugt der nicht." Julius holt eine große Lupe aus dem Koffer.

Lotta hat mittlerweile jeden Raum im Saal mehrfach fotografiert. Schnell wird ihr klar, dass der Aufbau nicht so schnell zu schaffen ist. Überall liegen zerbrochene Teile, Blumenerde und zerrissene Vorhänge herum. Man kann kaum erahnen, wie es hier einmal ausgesehen hat. So viel ist kaputt. Nur der große Baum, das Kreuz und ein paar wenige Stellen stehen unberührt da. Lotta nähert sich dem Weihnachtsbaum und rümpft die Nase. Hier stinkt es irgendwie nach Pipi. Ob sie Julius Bescheid geben soll? Sie beschließt, dass alles wichtig sein könnte, und ruft ihn zu sich.

„Hier am Weihnachtsbaum stinkt es komisch", erklärt Lotta. Sie ist ein Stück unter den Baum gekrabbelt.

Julius riecht es auch. „Hundepisse. Das war bestimmt dieser bekloppte Köter!"

„Bonny ist nicht bekloppt, und ein Köter ist die auch nicht." Lotta kann es nicht leiden, wenn Julius so schlecht über den lieben Hund spricht.

„Ich hab was!", ruft Sophie. „So kleine schwarze Klößchen. Die sehen aus wie Hamsterkacka und gehören bestimmt nicht hier hin."

Julius beeilt sich, zu Sophie zu kommen. „Pack davon ein paar in eine Tüte."

Abdul lacht. „Ist das hier eine Tierklo-Ausstellung?"

10.

Dezember

Auch Joschua hat etwas gefunden. „Julius, hier ist ein eindeutiger Pfotenabdruck in der Blumenerde.“ Julius beeilt sich, ein Foto zu machen. „‚G‘ scheint ihren Köter einfach überall mit hinzuschleppen.“

„Und hier sind komische Haare!“ Aylin zupft mit der Pinzette ein Haarbüschel von einem großen Stück Holz und lässt es in einer Tüte verschwinden. „Also, ich würde sagen, der Verwüster hat Strähnchen: braune, schwarze und ganz helle. Vielleicht ist das eine Frau mit gefärbten Haaren?“

Luis und Julius nicken sich zu.

Julius zieht Luis kurz von Abdul weg und flüstert: „Denkst du, was ich denke? Gertrud hat kurze, leicht gewellte Haare in verschiedenen Brauntönen. Und der Ansatz ist weiß. Ich habe heute Mittag alle Anwesenden heimlich mit meinem Handy fotografiert. Das können wir abgleichen.“

Abdul drängelt sich zwischen die beiden. „Hey, hier wird nicht getuschelt. Wir wollen alle Bescheid wissen. Schließlich helfen wir auch alle. Wir sind ein Team!“

„Ihr habt noch fünf Minuten!“, ruft Iris in diesem Moment in den Raum.

„Dann kommt mal schnell her!“ Julius ruft die Detektive zusammen. „Ich nehme alles, was wir gefunden haben, mit nach Hause und werte die Informationen aus. Bisher haben wir eine Verdächtige. Wir nennen sie ‚G‘. Diese Frau war als Einzige während der Tatzeit hier im Gebäude und hat als Alibi einen Mittagschlaf angeben.“

Abdul verdreht die Augen. „Wer pennt denn in einem Museum? Super verdächtig ist das!“

Lotta kann das nicht glauben. „Du meinst die liebe Gertrud? Die war doch total traurig.“

Julius richtet seine Brille und erinnert Lotta: „Keine Namen. Wir nennen sie ‚G‘. Und ja, sie wirkt auf den ersten Blick ganz nett, aber ihr Alibi ist nicht besonders vertrauenswürdig. Sie hat selber erzählt, dass Bonny immer bellt, wenn jemand Fremdes kommt. Und die gefundenen Haare passen zu ihrer Frisur. Außerdem humpelt ‚G‘ leicht und sie erscheint mir nicht besonders stark. Das passt wiederum dazu, dass der Baum und das Kreuz noch stehen. Ob wir die Fingerabdrücke gebrauchen können, muss ich mit meinem Scanner zu Hause überprüfen. Vielleicht können wir sie damit überführen."

Lotta lässt noch nicht locker. „Aber ‚G' war doch beim Aufbau mit dabei. Dann ist es doch logisch, dass hier überall Fingerabdrücke von ihr sind. Auch wenn sie nicht die Täterin ist." Lotta mag Gertrud und Bonny. Sie kann sich nicht vorstellen, dass die Frau etwas mit der zerstörten Ausstellung zu tun hat.

Die Saaltür öffnet sich und die Erwachsenen kommen herein. Neben Iris und Rolf sind es die Eltern der Zwillinge und Gertrud. Ihren Hund hat sie nicht dabei, doch lautes Bellen zeigt, dass er irgendwo in der Nähe ist. „Ich habe Bonny draußen angebunden", erklärt die ältere Frau. „Beim Aufräumen ist sie keine große Hilfe."

Aylin erkennt, dass die Haare in ihrer Tüte eine große Ähnlichkeit mit Gertruds Haaren haben. „Lasst uns schnell alle Materialien und Beweise in den Koffer packen!", fordert Julius die Detektive auf. Der Deckel des Koffers klickt gerade zu, als die Erwachsenen die Kinder erreichen.

„Für heute konnte ich leider nicht so viele Helfer motivieren, aber ich freue mich über jeden von euch, der hier ist", beginnt Iris. Dann hält sie ein großes Plakat nach oben. „Hier seht ihr den Plan der Ausstellung und verschiedene Fotos. Wir haben jede der 24 Stationen nach der Fertigstellung fotografiert. Das hilft uns nun beim Aufbau. Ich lege die Fotos und den Plan auf diesen Tisch. In einem ersten Schritt listen wir alles auf, was kaputt ist. Mein Neffe Julius hat sich bereit erklärt, über die Sozialen Netzwerke Leute zu suchen, die uns Ersatz dafür zur Verfügung stellen können. Dadurch können wir in den nächsten Tagen hoffentlich mit einem zügigen Aufbau beginnen. Wir sind zwölf Personen, wenn wir immer zu zweit eine Station überprüfen, müsste das schnell gemacht sein. Der Plan zeigt euch, wo die Stationen waren, und auf dem Foto erkennt ihr alle Materialien, die zu der Station gehören. Wir haben immer drei Stationen in einen Raum gelegt. Somit haben wir in diesem Saal mit Seilen und Tuchbahnen acht Räume abgeteilt. Wer möchte welche Station übernehmen?"

11.
Dezember

„Ich möchte mit Gertrud in eine Gruppe", meldet Julius sich als Erster. Luis weiß, dass sein neuer Freund diese Wahl getroffen hat, um mehr über die Verdächtige herauszufinden. Die anderen Detektive bilden jeweils Zweiergruppen: Lotta und Luis, Aylin und Sophie, Joschua und Abdul. Die Erwachsenen sind jeweils einzeln unterwegs.

„Jedes Paar bekommt die passenden Fotos, Papier und einen Stift", erklärt Iris. „Schreibt so genau wie möglich dort auf, was kaputt ist."

In der nächsten Stunde sind alle damit beschäftigt, jeden Gegenstand im Saal mit den Fotos zu vergleichen. Da es immer wieder Fragen gibt, geht Iris von Gruppe zu Gruppe. „Ist die Schlange jetzt kaputt oder näht man die?", will Aylin wissen.

Iris schaut sich den Riss am Kopf der Schlange an. „Ich denke, die können wir nähen, kannst du das bitte mit aufschreiben?"

Als Nächstes schaut Iris bei Lotta und Luis vorbei. „Kommt ihr klar?" Lotta schüttelt den Kopf. „Bei uns ist irgendwie alles kaputt, und die Spuren auf dem Boden machen mir Angst!" Sie zeigt auf eine Schleifspur, die durch den gesamten Bereich geht.

Luis überlegt: „Ich glaube, hier hat jemand den Holzstapel komplett durch den Raum gezogen. Diese Schleifspur könnte ein Seil sein. Der Stapel ist vielleicht dort an dem Tisch hängen geblieben und dann ist alles zu Boden gegangen: die Gläser und Schalen, die große Schüssel ..."

Iris unterbricht ihn erschrocken: „Wo ist eigentlich der Kerzenständer, der auch auf dem Tisch stand?" Sie eilt zum Tisch mit den Bildern und kommt mit einem Foto zurück, das sie den Zwillingen zeigt. Darauf ist ein schöner, silberner Kerzenständer abgebildet, der mit bunten Steinchen verziert ist.

„Der sieht ja wertvoll aus!", staunt Lotta.

Iris nickt. „Das ist er auch. Die Bürgermeisterin hat ihn uns für unsere Ausstellung ausgeliehen, weil sie meinte, dass er wunderbar dazu passen würde. Mir war von Anfang an nicht wohl dabei, so einen wertvollen Gegenstand hier zu haben. Und jetzt ist er weg!" Iris sucht verzweifelt den Boden rund um den umgekippten Tisch ab, und auch die anderen Teams, die die Aufregung mitbekommen haben, beteiligen sich an der Suche. Aber der Kerzenständer ist nicht aufzufinden.

„Ich werde die Polizei jetzt benachrichtigen", Rolf ist dazu gekommen. „Ich befürchte, dass der Kerzenständer gestohlen wurde." Er macht sich auf den Weg in die Eingangshalle, wo der Empfang des Handys zum Telefonieren besser ist.

Bei den anderen ist zuerst nicht an Weiterarbeiten zu denken. Iris ist ganz verzweifelt. Mama nimmt sie in den Arm und versucht, sie zu beruhigen. „Die Polizei wird sich darum kümmern. Dieser Diebstahl darf die Wiedereröffnung der Ausstellung nicht verhindern."

Iris nickt und drückt dankbar Mamas Arm. „Das stimmt. Dann lasst uns weitermachen!"

Alle begeben sich zurück an ihre Arbeit. Iris geht weiter von Team zu Team. Nach einer Weile kommt sie zu Abdul und Joschua. „Vielen Dank, dass ihr auch mithelft. Kommt ihr denn zurecht?"

„Logo!", antwortet Abdul und stupst Joschua an, der Iris stolz die Liste zeigt, auf der sie schon eine ganze Menge notiert haben. Iris ist beeindruckt.

Abdul hat noch eine Frage. „Sie sind doch der Chef hier, oder?"

Iris lächelt. „Na ja, wir sind ein großes Team, aber es stimmt, dass mein Mann und ich die Hauptverantwortung für die Ausstellung haben. Aber du kannst gerne Du zu mir sagen. Ich bin Iris."

„Okay, geht klar. Ich bin Abdul. Dann kannst du mir bestimmt erklären, was das hier für eine Ausstellung ist und was die mit Star Wars zu tun hat. Luis hat nämlich vorhin so was gesagt, und ich kenn mich da ziemlich gut aus. Aber von Star Wars seh ich hier nichts."

Iris ist etwas verwirrt. „Ich muss gestehen, dass ich noch keinen einzigen Star-Wars-Film gesehen habe. Aber unsere Bürgermeisterin, Frau Ehlers, hat unsere Ausstellung auch mit Star Wars verglichen. Dann lass uns gemeinsam rausfinden, was sie damit gemeint haben könnte. Magst du mir kurz erklären, um was es bei Star Wars geht?"

12.

Dezember

Wenn es um Star Wars geht, ist Abdul in seinem Element. Er beginnt, Iris die wichtigsten Dinge darüber zu erklären: „Also, wichtig sind die Jedi. Die sind nämlich die Guten. Wobei, manchmal wechseln die auch die Seite zu den Bösen. Die Bösen nutzen die Macht nicht richtig. Die kämpfen mit Hass und Wut. Aber ein Jedi nicht ...", Abdul stockt. „Haste das kapiert?"

Iris lächelt. „Ehrlich gesagt noch nicht so richtig. Aber das liegt wohl nicht an deiner Beschreibung, sondern daran, dass es echt schwierig ist, eine Story, die über viele, viele Folgen geht, in ein paar kurzen Sätzen zu erklären. Vermutlich wollte Frau Ehlers genau das ausdrücken."

Abdul nickt erleichtert. „Stimmt!"

„Und genauso ist es mit Weihnachten. Ganz viele Leute kennen nur die Weihnachtsgeschichte. Also, dass Maria und Josef nach Bethlehem reisen mussten, weil der Kaiser eine Menschenzählung befohlen hatte, und dass die schwangere Maria dort in Bethlehem ihr Kind in einem Stall bekommen hat. Und dass einfache Hirten die ersten Besucher waren, nachdem Engel ihnen die frohe Nachricht verkündigt haben, dass Jesus der Retter der Welt ist. Später kommen auch noch drei schlaue, reiche Männer aus einem fernen Land zu Besuch und bringen wertvolle Geschenke mit."

„Klar, die kenn ich auch. Die haben wir sogar schon mal in der Schule gespielt, und ich war einer von den schlauen, reichen Typen!" Abdul kann sich gut an die Müllmann-Weihnachtsaufführung in der zweiten Klasse erinnern.

„Klasse", meint Iris. „Dann kennst du mit der Weihnachtsgeschichte schon eine ganz wichtige Station der Bibel. Aber halt nur eine Station, bei der noch viele Fragen offenbleiben. Die kann man nur beantworten, wenn man auch die anderen Stationen kennt."

„Welche denn?", will Luis wissen, der dazugekommen ist und den letzten Teil des Gesprächs mitbekommen hat.

„Zum Beispiel, warum Jesus, Gottes Sohn, überhaupt als hilfloses Baby auf die Erde kommen musste. Es wäre doch viel angenehmer für ihn gewesen, wenn er bei seinem Vater im Himmel geblieben wäre. Was war der Grund dafür?"

„Das würde mich auch interessieren", meint Abdul.

Iris nickt geheimnisvoll. „Die Antwort kann man in der Ausstellung herausfinden und wisst ihr, was das Spannendste an der ganzen Sache ist? Bei dieser Geschichte handelt es sich nicht um eine erfundene Story, wie bei Star Wars, sondern um eine Geschichte, die wirklich so passiert ist. Und das Beste ist, dass wir sogar ein Teil davon werden können."

Das findet Abdul richtig cool. „Boa, das geht? Ich hab mir schon immer gewünscht, mal als Jedi bei Star Wars mitzukämpfen, aber das geht ja nich', weil es das Ganze ja nicht in echt gibt."

Iris lacht. „Genau! Die Weihnachtsgeschichte ist ein Teil einer ganz großen Geschichte, in der wir sogar schon mittendrin sind. Das wissen leider nur viele Menschen noch nicht."

„Mega!" Abdul ist beeindruckt und hebt ein paar verstreute große Nägel auf. „Dann lasst uns mal schnell hier alles aufräumen. Ich will rausfinden, wie ich ein Teil dieser Story werden kann."

Iris schaut noch bei Julius und Gertrud vorbei. Gertrud sitzt auf einem Stuhl und erzählt, während Julius sich eifrig Notizen macht. „Eigentlich bin ich jeden Tag mit Bonny hier, bringe einen Kuchen mit und helfe, wo ich kann. Wegen meiner kleinen Rente konnte ich leider kein Geld für die Ausstellung beisteuern. Aber meine Zeit verschenke ich gerne ..."

„Hallo Gertrud, geht es dir ein bisschen besser?" Iris legt ihre Hand behutsam auf Gertruds Schulter.

„Ja, so langsam erhole ich mich von dem Schrecken. Und dein Neffe ist wirklich ein guter Zuhörer!" Gertrud steht auf und humpelt langsam zur Tür. „Ich schau mal nach Bonny."

Julius schaut ihr nachdenklich hinterher. Die ganze Geschichte scheint sie doch sehr mitzunehmen.

13.
Dezember

„Mein Neffe ein guter Zuhörer?" Iris reißt Julius aus seinen Gedanken. Der lässt schnell das Blatt mit den Notizen hinter seinem Rücken verschwinden, bevor er mit einem schrägen Grinsen anmerkt: „Ja, das hättest du nicht gedacht, was?"

„Nein, und das denke ich immer noch nicht", gibt Iris mit gerunzelter Stirn zu. „Und mein Bauchgefühl sagt mir, dass dein Ziel, den Täter zu finden, größer ist, als dein Interesse an der lieben Gertrud." Iris versucht im Spaß, an das versteckte Papier zu kommen.

Julius gibt sich geschlagen. „Okay, du hast gewonnen!" Dann zieht er seine Tante etwas zur Seite und erklärt ihr leise. „Es stimmt, dass Gertrud gerade ziemlich weit oben auf unserer Verdächtigenliste steht. Es gibt einige Punkte, die sehr eigenartig sind."

Iris bekommt große Augen. „Gertrud? Das ist nicht dein Ernst! Diese Frau ist absolut harmlos. Sie verbringt unzählige Stunden auf diesem Stuhl in der Ecke, um für jeden Menschen, der durch die Eingangstür kommt, ein Gebet zu sprechen. Vielleicht kann sie nicht viel mit anpacken durch ihre Schmerzen. Aber sie ist die treuste Person, die ich kenne. Und ich möchte nicht, dass du Gertrud durch eure Ermittlungen Schaden zufügst. Ist das klar, Julius?"

Julius schiebt seine Brille zurecht. „Und wenn alle Beweise gegen Gertrud sprechen?"

„Dann hast du nicht genau genug hingeschaut." Iris ist sich da ganz sicher. „Julius, ich unterstütze dein Hobby, ich nehme dich ernst und ich bin mir sicher, dass du 'ne Menge draufhast. Doch man übersieht schnell mal etwas und gerät auf eine falsche Spur. Jemanden zu Unrecht zu beschuldigen, kann schlimme Folgen für denjenigen haben. Denke bitte mal darüber nach." Iris schiebt ein paar Scherben zusammen und will das Thema damit abhaken. „Wie weit bist du denn mit der Bestandsaufnahme in diesem Raum?"

„Fertig, denke ich." Julius möchte auch nicht weiter über Gertrud reden. Die Worte seiner Tante haben ihn verunsichert. Könnte es tatsächlich sein, dass sie mit ihrer Einschätzung zu Gertrud recht hat?

Iris knufft ihrem Neffen versöhnlich in den Arm. „Die anderen sind auch gleich fertig. Wir treffen uns in zehn Minuten im Foyer und tragen unsere Ergebnisse zusammen."

Kurz darauf wendet sich Iris an die versammelte Gruppe.

„Ich danke euch sehr für euren schnellen Einsatz. Mit Julius zusammen werde ich gleich noch die Listen auswerten, sodass wir über die sozialen Netzwerke um Ersatz für die zerstörten Dinge bitten können. Ich werde morgen ab 16 Uhr nach meiner Arbeit wieder hier sein, Müll beseitigen, die abgeteilten Räume wieder herrichten und alles aufbauen, was noch heil geblieben ist. Für jeden, der Zeit hat, mit anzupacken, wäre ich dankbar."

Gertrud hebt zögerlich die Hand. „Ich glaube, dass wir für die nächsten Tage ganz viel Kraft brauchen und würde Gott gerne noch darum bitten."

„Das ist eine sehr gute Idee", stimmt Iris dankbar zu. Alle falten die Hände. Auch die Freunde von Lotta und Luis, die interessiert beobachten, was die anderen machen.

„Lieber Vater im Himmel", beginnt Gertrud, „wir sind erschrocken über das, was heute passiert ist, und wir brauchen jetzt viel Mut, Ausdauer und viele liebe Menschen, die mithelfen, dass die Ausstellung doch noch stattfinden kann. Danke, dass du uns das schenken willst und dass du bei uns bist. Amen."

Lotta schaut die gebrechliche Frau an. Wer so betet, der macht doch nicht alles kaputt.

Julius ruft: „Können alle Kinder noch mal kurz mit mir kommen? Wir brauchen nur ein paar Minuten."

Lotta und Luis und ihre Freunde folgen Julius in einen kleinen Raum. Julius öffnet seinen Koffer und holt alle Beweisstücke raus. „Ehrlich gesagt bin ich ratlos. Für mich deuten bisher alle Beweise auf ‚G' als Hauptverdächtige. Ich habe mich mit ihr unterhalten und rausgekriegt, dass sie nicht viel Geld hat. Sie könnte einen so teuren Kerzenständer bestimmt gut gebrauchen. Andererseits ist sie total freundlich, ehrlich und hilfsbereit. Irgendwie passt das alles nicht zusammen. Was meint ihr?"

„Ich glaub nicht, dass Gertrud das war!", platzt Lotta direkt heraus.

„Wir können aber auch nicht sicher sein, dass sie es nicht war." Aylin zeigt auf das Tütchen mit den Haaren ...

14.

Dezember

Luis wirft einen Blick auf die Beweise, die sie bisher zusammengetragen haben.

„Ich kann mir eigentlich auch nicht vorstellen, dass Gertrud es war. Vielleicht müssen wir einfach noch mal alle Beweise angucken und miteinander kombinieren. Wir brauchen dringend eine Detektivzentrale, wo wir das machen können."

„Na, dein Baumhaus geht jetz' gar nich'", Abdul erinnert sich an die Zentrale, als sie den Fall um seine Jacke aufgeklärt haben. „Da frierste dir den Hintern weg und das ist zu weit vom Tatort entfernt."

Sophie schaut sich um. „Hier wäre es doch super! Was ist das denn für ein Raum?"

„Das ist die Garderobe der Stadthalle", erklärt Julius. „Wir hängen hier alle Jacken auf und bereiten Tee, Kaffee und Gebäck vor. In der gemütlichen Sitzecke neben dem Eingang bieten wir das den Besuchern an, damit wir noch mit ihnen ins Gespräch kommen können. Manche haben Fragen, manche möchten, dass jemand für sie betet."

„Dann wird der Raum hier doch während des Aufbaus nicht gebraucht?", überlegt Luis.

„Da muss ich meine Tante fragen. Das mache ich sofort." Julius verschwindet durch die Tür.

Abdul klopft Luis auf die Schulter. „Voll cool, dass du uns angerufen hast. Das ist der beste Sonntag ever. Wenn wir den Fall knacken, kommen wir bestimmt in die Zeitung, oder noch cooler, ins Internet!"

„Das kann gut sein. Ich habe den Artikel über die Ausstellung mit meinen Eltern auch in der Zeitung angeschaut. Sogar die Bürgermeisterin ist mit dabei", weiß Sophie.

„Sag ich doch, wir werden Stars! Und der Julius ist echt cool und hat ein mega Equipment. Der und mein Bruder Mehmet, die wären bestimmt super Kumpels. Mehmet hat für alles 'ne Technik. Der kann überall 'ne Kamera installieren und dann von zu Hause aus gucken, was da passiert", erzählt Abdul gerade, als Julius plötzlich wieder im Raum steht.

„Was hat dein Bruder?"

„Kameras, die er von zu Hause aus überwachen kann. Hat der für meinen Onkel auf dem Schrottplatz installiert. Und für meinen

Cousin in seinem Laden. Das ist 'n Hobby von Mehmet. Der hat sogar schon mal eine in meinem Zimmer versteckt und mich gefilmt!"

„Meinst du, dein Bruder würde uns helfen?", unterbricht Julius Abdul. „Es könnte sein, dass der Täter an den Tatort zurückkehrt. Wenn wir so eine Kamera hätten, könnten wir alles im Auge behalten, ohne die Nächte hier verbringen zu müssen."

„Klar, ich frag Mehmet!" Abdul ist sehr zuversichtlich.

„Cool." Julius hebt den Daumen nach oben. „Meine Tante sagt übrigens, dass wir uns den Raum hier teilen können. Im vorderen Teil möchte sie die gespendeten Dinge lagern. Aber den hinteren Teil können wir als Detektivzentrale haben. Ich schlage vor, dass wir uns morgen um vier hier wieder treffen. Bis dahin habe ich alle Fotos ausgedruckt und die Beweise sortiert. Und jetzt müssen wir los. Die Erwachsenen werden ungeduldig."

Mama und Papa bringen Joschua noch nach Hause. Das gibt den Kindern ein bisschen Zeit, auf der Rückbank leise ihre Vermutungen zu teilen.

„Ich finde es total super, dass wir wieder einen Detektivfall haben", flüstert Joschua. „Meint ihr, wir finden den Täter?"

„Irgendwie passt gerade nichts so richtig zusammen", überlegt Lotta. „Wir wissen einfach zu wenig darüber, wer ein Motiv für die Zerstörung hat oder ob es dem Täter nur um den Kerzenständer ging."

„Vielleicht können wir eine richtige Befragung durchführen, von allen Leuten, die an dem Tag da waren oder die überhaupt dabei mitmachen. Bestimmt hat irgendjemand etwas gehört oder gesehen", schlägt Luis vor.

„Gute Idee", findet Joschua. „Ich finde es jedenfalls komisch, dass ausgerechnet diese Ausstellung zerstört wird. Ich war schon ein paar Mal in der Stadthalle zu einer Spinnen-Ausstellung, zu einer Modellauto-Ausstellung und zu einer Hobbykünstler-Ausstellung. Da ist nie was kaputt gemacht worden."

„Und wenn es ein Versehen war?", kommt es Lotta plötzlich in den Sinn.

„Na, das muss aber ein großes Versehen gewesen sein." Luis kann sich das gar nicht vorstellen. „Wer weiß, es gibt bestimmt auch große Versehen!" Lotta lässt nicht locker.

15.
Dezember

Am Montagnachmittag treffen sich die Freunde wieder an der Stadthalle. Während die Erwachsenen mit den Aufräumarbeiten beginnen, machen die Detektive sich auf den Weg in die Garderobe. Julius hat den hinteren Teil des Raumes mit einem Vorhang abgeteilt. Die Fotos hat er gemeinsam mit den Beweisen an eine große Styroportafel geheftet. Teilweise sind rote Pfeile und Linien zwischen Fotos und Beweisen zu sehen. Auf der Tafel hängt mittig ein Foto von Gertrud, umgeben von verschiedenen Beweisen, wie dem Haarbüschel, Zetteln mit Aussagen und einer roten Karte mit dem Alibi „Mittagsschlaf". Julius lässt den Freunden etwas Zeit, sich alles genau anzuschauen, bevor er mit seinen Erklärungen beginnt.

„Ich habe alles miteinander kombiniert, um uns einen Überblick zu verschaffen. Das ist jetzt meine Sicht des Ganzen, auch wenn ich mir mittlerweile nicht mehr sicher bin, was unsere Hauptverdächtige anbelangt. Aber im Moment haben wir leider noch keine andere Spur." Julius zuckt etwas ratlos mit den Schultern.

Luis ergreift die Gelegenheit und erzählt den anderen von seiner Idee, alle Helfer unauffällig zu befragen. „Vielleicht entsteht dadurch eine neue Spur."

Julius nickt Luis anerkennend zu. „Super Idee, Luis! So machen wir es! Ich habe meiner Tante gesagt, dass wir nachher auch beim Aufräumen mithelfen. Wir teilen uns einfach in Zweierteams auf, um die Erwachsenen zu unterstützen, und versuchen nebenher, mit den Leuten ins Gespräch zu kommen. Hier liegen Zettel und Stifte. Wer etwas Verdächtiges bemerkt, der kann es aufschreiben und an die Tafel heften. Gibt es etwas, was ihr ergänzen wollt?"

„Mehmet hat mir zwei Kameras geliehen und ein Programm auf mein Handy installiert. Wir können die sofort einsetzen." Abdul hält einen kleinen Koffer in der Hand.

„Sehr gut!" Julius ist begeistert. „Ich schlage vor, dass wir beide die gleich in der Halle installieren und einen Probelauf starten. Kann man die Videos auch aufzeichnen?"

„Klaro! Ich hab aber nur Speicher für 'ne halbe Stunde. Wenn wir mehr wollen, brauchen wir deinen Laptop und 'ne externe Festplatte."

„Eine halbe Stunde reicht als Probelauf", findet Julius.

Sophie hat noch eine andere Frage: „Hat dein Onkel eigentlich erzählt, was die Polizei zu dem gestohlenen Kerzenständer gesagt hat?"

Julius nickt. „Ja, das war natürlich eine sehr wichtige Info für die. Sie vermuten, dass der auch das eigentliche Motiv für den Täter war und dass die Zerstörung nur von dem Diebstahl ablenken sollte. Es bleibt aber weiterhin mysteriös, warum Bonny nicht laut gebellt hat, als der Täter an der schlafenden Gertrud vorbeigeschlichen ist. Denn einen anderen Weg in die Halle gibt es nicht. Das spricht wiederum dafür, dass Bonny den Täter kennen muss."

Die Detektive nicken nachdenklich.

„Und wie hat die Bürgermeisterin reagiert, als sie erfahren hat, dass ihr Kerzenständer weg ist?", will Sophie noch wissen.

„Puh, die war ziemlich sauer, als meine Tante sie gestern Abend angerufen hat, um ihr davon zu berichten. Meine Tante tat mir richtig leid. Aber nach einer Weile hat die Bürgermeisterin sich wieder beruhigt. Schließlich kann Iris nichts dafür und die Polizei ist ja dran, den Täter zu finden – und hoffentlich damit dann auch den Kerzenständer. Und wir sind auch an dem Fall dran." Julius zieht wichtig die Augenbrauen nach oben. „Das hat meine Tante in dem Telefonat natürlich nicht erzählt. Aber am Schluss hat die Bürgermeisterin Iris sogar noch 500 Euro als Spende von der Stadt für den Wiederaufbau der Ausstellung versprochen und alles Gute gewünscht."

Lotta ist erleichtert. Eine verärgerte Bürgermeisterin wäre jetzt das Letzte, was die arme Iris gebrauchen könnte.

Julius klatscht in die Hände. „Dann mal los! Wir haben noch einiges vor heute!"

16.
Dezember

Julius und Abdul bleiben am Eingang zum großen Saal stehen und schauen sich um. Heute sind mehr Erwachsene vor Ort als gestern. In jedem der abgeteilten Räume ist mindestens ein Helfer dabei, aufzuräumen. Die beiden überprüfen verschiedene Möglichkeiten, um die Kameras aufzuhängen. Aber es dauert ziemlich lange, bis sie einen geeigneten Platz für die erste Kamera finden, die sie auch gleich unauffällig dort installieren.

„Das ist ein cooler Platz für die zweite Kamera." Abdul zeigt auf das große Kreuz, das über die Wände hinausragt. „Wenn wir die dort verstecken, kann man alles gut von oben sehen."

Julius gefällt die Idee. „Alles klar! Dann müssen wir jetzt nur aufpassen, dass keiner von den Helfern beobachtet, wie wir die Kamera dort anbringen."

„Kein Problem", meint Abdul lässig. „Wir tun so, als müssten wir checken, ob das Kreuz auch beschädigt wurde."

Kurze Zeit später klettert Abdul auf die Leiter, die Julius neben dem Kreuz aufgestellt hat. Unter seinem Pulli hat Abdul die Kamera versteckt, die er oben unauffällig hervorholt und am Kreuzbalken befestigt. Julius ist erleichtert, dass die anderen Helfer ihnen keine Beachtung schenken.

Doch als Abdul gerade von der Leiter herunterklettert, steht plötzlich Iris neben ihnen.

„Was macht ihr zwei denn hier?", fragt sie mit gerunzelter Stirn. „Gehört das zu den Aufräumarbeiten oder zu euren Ermittlungen?"

Julius ist unsicher, ob er seiner Tante von der Kamera erzählen soll, da sie die Sache vielleicht verbieten könnte – wegen der Datenschutzgeschichte und auch so. Deshalb zögert er mit der Antwort.

Abdul springt für ihn ein. „Der Balken da oben sah von Weitem schief aus und wir wollten das checken. Ist aber alles okay." Abdul hält den Daumen hoch. Dann fällt ihm noch was ein. „Ich kapier nur nich', was das Kreuz in der Weihnachtsausstellung soll. Is' das nicht so 'n Osterding? Oder gehört das in die große Gesamtstory mit rein, von der du gestern erzählt hast?"

Iris lacht. „Ich sehe, du kennst dich aus!" Dann überlegt sie kurz. „Ich glaube, ich könnte mal eine Pause gebrauchen. Wenn ihr Lust habt, zeige ich euch schon mal die ersten Stationen der Ausstellung.

Die sind nämlich schon größtenteils repariert, und mit Hilfe der Stationen lässt sich deine Frage am einfachsten erklären."

„Cool!" Abdul ist dabei. „Ich hol nur schnell noch meine Freunde. Bin gleich wieder da!"

Kurze Zeit später stehen die Kinder mit Iris und Julius in einem wunderschönen Raum. Die Stellwände sind mit schönen blauen und grünen Tüchern behängt. Davor hängen raumhohe Bilder mit Blumenwiesen, Wald und Hügeln und einem herrlichen Wasserfall.

„Ist das schön hier!", entfährt es Lotta.

„Ja!" Iris lächelt. „Wir befinden uns im Paradies, wo Gottes Geschichte mit den Menschen begonnen hat. Diesen Ort hat Gott für die ersten zwei Menschen gemacht, damit die es dort gut haben und mit ihm Gemeinschaft haben können. Denn er liebte die Menschen sehr."

Iris drückt einen Knopf auf der Fernbedienung in ihrer Hand. Ein Deckenstrahler geht an und beleuchtet ein großes rotes Herz, das auf einem Holzständer steht. Ein weiteres Licht leuchtet auf eine Szene in der anderen Ecke, die bisher im Dunkeln lag. Dort ist ein Baum zu sehen. Davor stehen zwei Schaufensterpuppen. Auf einem Ast des Baumes liegt die Schlange aus Stoff.

„Das sind Adam und Eva!", ruft Luis. „Die haben wir schon auf den Fotos im Internet gesehen."

Iris nickt. „Genau. Den beiden fehlte es an nichts im Paradies. Doch eines Tages verwandelte sich der Gegner Gottes in eine Schlange und überredete Adam und Eva, eine Frucht vom einzigen Baum zu nehmen, von dem Gott ihnen verboten hatte zu essen. Die beiden taten es trotzdem. Das war schlimm, denn damit war die Beziehung zwischen Gott und den Menschen plötzlich zerstört. Gott musste die beiden bestrafen und aus dem Paradies werfen. Seither ist die Sünde in der Welt, wie die Bibel das nennt. Mehr davon sehen wir in der nächsten Station."

„Wer hat eigentlich in den Apfel gebissen, der in der Hand von Eva liegt?", will Luis wissen.

„Keine Ahnung." Iris zuckt mit den Schultern. „Den müssen wir noch austauschen, der lag gestern neben den umgestoßenen Figuren von Adam und Eva."

Luis nickt und merkt sich: Irgendetwas stimmt mit dem Apfel nicht!

17.

Dezember

Während Iris mit der Gruppe zur nächsten Station geht, zieht Luis Julius zur Seite.

„Mit dem Apfel stimmt was nicht", erklärt er leise. „Da sind ganz komische Löcher drin. So isst doch niemand einen Apfel."

Julius nickt nachdenklich. „Tatsächlich. Das ist mir gar nicht aufgefallen. Sehr gut Luis. Ich mach ein Foto und schau mir das zu Hause mal vergrößert auf dem Bildschirm an."

„Sind alle da?", hören sie Iris aus dem Nebenraum in die Runde fragen. Schnell eilen die beiden nach nebenan und setzen sich zu den anderen auf Sitzkartons, die um ein Plakat herum gruppiert sind. Auf dem Plakat steht das Wort „Menschen". Ein Stück davon entfernt liegt ein weiteres Plakat, auf dem das Wort „Gott" steht. Dazwischen liegen schwarze Tücher auf dem Boden, die wie eine tiefe Schlucht aussehen.

„Die Sünde, die durch Adam und Eva in die Welt kam, liegt seither wie eine trennende Schlucht zwischen den Menschen und Gott", erklärt Iris und drückt einen Knopf auf ihrer Fernbedienung. Zwei Steintafeln aus bemaltem Styropor, die auf dem Boden stehen, erscheinen in hellem Licht. Bei der einen Tafel fehlt eine Ecke.

„Die Zehn Gebote", ruft Lotta. „Die haben wir auch auf den Fotos gesehen."

Iris lächelt. „Stimmt genau! Gott war sehr traurig darüber, dass zwischen ihm und den Menschen, die er sehr liebte, nun so ein tiefer Graben war. Gott ist heilig. Erst wenn die Menschen ohne Sünde leben könnten, wäre Gemeinschaft mit Gott wieder möglich. Um den Menschen dabei zu helfen, gab er ihnen verschiedene Regeln. Die zehn wichtigsten schrieb er selber auf zwei große Steinplatten und übergab sie Mose, einem wichtigen Mann aus Gottes Volk."

Iris zeigt auf eine lange Reihe mit Steinen, die von einem Plakat zum anderen über die Schlucht führt. Auf den Steinen stehen Worte wie „nie lügen", „nicht stehlen", „Gott nicht vergessen", „nicht töten" und „nie neidisch sein".

„Jeder Mensch hatte die Chance, sich an Gottes Regeln zu halten und ohne Sünde zu leben. Aber er durfte keinen einzigen Fehler machen." Iris nimmt einen Stein aus der Reihe, auf dem "nie neidisch sein" steht. „Seht ihr, schon ist die Steinreihe unterbrochen, und damit die Verbindung zu Gott wieder zerstört. Ich werde zum Beispiel immer wieder mal neidisch auf andere. Das will ich nicht, aber es passiert trotzdem."

Abdul nickt ernst. „Das kenn ich. Ich schaffe es zum Beispiel keinen Tag, nich' zu lügen, echt nich'! Aber vielleicht klappt es, wenn ich mich ganz doll anstrenge?"

„Kein Mensch schaffte es, nie einen Fehler zu machen. Und das ist heute auch noch so", erklärt Iris weiter. „Deshalb blieb der Graben zwischen Gott und den Menschen weiterhin bestehen. Aber Gottes Liebe und Geduld war so groß, dass er den Menschen die Chance gab, ihre Sünden durch Opfer wiedergutzumachen. Doch manchen war es auch einfach egal, dass ihre Beziehung zu Gott gestört war, und viele vergaßen ihn sogar. Aber es gab auch Menschen, die mit Gott leben wollten. Ein paar von diesen Leuten lernen wir in den nächsten Stationen kennen."

Iris schaut auf die Uhr. „Oh, das war jetzt doch eine längere Pause als geplant. Ich muss noch ein paar Dinge hier erledigen." Als sie in das enttäuschte Gesicht von Sophie sieht, die die ganze Zeit gespannt zugehört hatte, fügt sie schnell noch hinzu: „Aber ich verspreche, euch morgen noch weitere Stationen zu zeigen, da die spannendste Frage, was das alles mit Weihnachten zu tun hat, ja noch nicht beantwortet ist."

Nachdem Iris aus dem Raum verschwunden ist, ergreift Julius das Wort: „Wir sollten noch eine kurze Lagebesprechung machen und unsere Entdeckungen von heute zusammenzutragen."

In der Zentrale berichtet Luis von dem Apfel mit den komischen Löchern. Auch Joschua hat eine interessante Entdeckung gemacht.

Er hält ein Tütchen in die Höhe, in dem ein Stück Styropor zu sehen ist. „Ich glaube, dass das die fehlende Ecke der Zehn-Gebote-Tafel ist. Das Komische ist nur, dass ich dieses Stück in einem ganz anderen Raum gefunden habe. Ich frage mich, wie es dort hingekommen ist. Hatte der Täter so viel Zeit, hier alles zu verwüsten und dann die Teile noch überall zu verteilen?"

Darauf haben die anderen auch keine Antwort.

„Vielleicht bringen uns ja morgen die Aufzeichnungen der Kameras weiter", meint Julius.

18.
Dezember

Am nächsten Nachmittag treffen sie sich wieder in der Detektivzentrale. Alle sind gespannt auf Abduls Bericht zur Kameraaufzeichnung. Aber dort war leider nichts Verdächtiges zu sehen. Julius seufzt. „Das wäre auch zu schön gewesen."

Iris kommt dazu. „Na, wie sieht es bei euch aus? Habt ihr schon irgendeinen Hinweis auf den Täter gefunden?"

Nachdem die Kinder enttäuscht den Kopf schütteln, berichtet sie: „Ich habe vorhin noch mal mit der Polizei telefoniert. Die wissen leider gerade auch nicht weiter. Und die Versicherung der Stadthalle stellt sich wegen des Kerzenständers quer. Sie möchte warten, bis der Fall abgeschlossen ist, bevor sie zahlt."

Iris seufzt. „Das ist alles wirklich merkwürdig. Aber was haltet ihr davon, wenn wir wenigstens die anderen Rätsel rund um Weihnachten weiter lösen? Gerade ist wieder eine Station fertig geworden. Wir müssen dabei zwar ein paar Stationen der Ausstellung überspringen, da hier gerade noch gearbeitet wird, aber das macht nichts!"

Natürlich möchten die Kinder wissen, wie es weitergeht. Kurze Zeit später stehen die Detektive mit Iris zusammen in einem Ausstellungsraum mit ganz viel Text und Schriftrollen an den Wänden.

Na ja, denkt Luis, spannend sieht das ja nicht gerade aus.

„Auf den ersten Blick wirkt diese Station nicht gerade aufregend", meint Iris augenzwinkernd, als hätte sie die Gedanken von Luis lesen können. „Aber stellt euch vor, in diesen Texten, die viele Hunderte von Jahren vor Weihnachten geschrieben wurden, gibt es schon Hinweise auf dieses besondere Ereignis. Das wäre in etwa so, als würde schon heute jemand voraussagen können, wer in zehn Jahren Fußball-Weltmeister werden wird."

Joschua, der ein großer Fußballfan ist, tippt sich grinsend an die Stirn. „Das geht doch gar nicht!"

„Eigentlich nicht", stimmt Iris ihm zu. „Das geht nur, wenn die Aussagen von jemandem kommen, der die Zukunft kennt und mitgestalten kann."

„Das kann nur Gott!" Lotta ist sich ganz sicher.

„Richtig." Iris holt einen Korb mit verschiedenen Lupen unter einem Tuch hervor. „Bevor sich jeder von euch mit Lupen auf die Suche nach diesen Weihnachtshinweisen von Gott machen darf, verrate ich euch noch, warum Gott diese den Menschen so viele Jahre davor gegeben hat. Gestern habe ich euch ja erzählt, dass die Menschen es trotz der guten Regeln nicht geschafft haben, ohne Sünde zu leben. Der tiefe Graben zwischen Gott und den Menschen bestand weiterhin und es war klar, dass kein einziger Mensch es schaffen würde, diesen Graben jemals von sich aus zu überwinden."

„Das ist schlimm", findet Sophie.

„Ja." Iris nickt. „Aber denkt an das große, rote Herz, das wir in der ersten Station gesehen haben. Gott hat die Menschen nicht aufgegeben. Und einigen Menschen gab Gott ein Versprechen: Ich werde euch einen Retter schicken! Und damit ihr ihn auch erkennt, gebe ich euch ein paar wichtige Hinweise zu ihm."

„Cool!", meint Luis. „Können wir die Weihnachtshinweise jetzt suchen? Wie entdecken wir die denn? Hier ist so viel Text an den Wänden."

Iris verteilt die Lupen. „Ein bisschen Detektivarbeit ist schon gefragt, aber ich gebe euch den Tipp, dass ihr die Weihnachtshinweise daran erkennen könnt, dass drum herum ein Rand mit Sternchen zu sehen ist. Ich wünsche euch viel Erfolg bei der Suche!"

Abdul schnappt sich einen Stuhl und beginnt, mit der Lupe die oberen Bereiche der Text-Wände abzusuchen. Während sich auch die anderen Kinder auf die Suche begeben, herrscht geheimnisvolle Stille.

Plötzlich ruft Sophie: „Ich hab was gefunden!"

Auch Joschua, Abdul und Lotta werden kurze Zeit später fündig.

„Ihr seid wirklich super!", lobt Iris. „Die Erwachsenen waren beim Testdurchlauf nicht so schnell. Jetzt wollen wir aber alle die spannenden Hinweise Gottes hören."

19.

Dezember

Joschua liest als Erster seinen Weihnachtshinweis vor. Der steht in der Bibel im Buch Micha, Kapitel 5, Vers 1.

„Seht ihr", erklärt Iris. „Fast tausend Jahre zuvor hat Gott hier vorausgesagt, dass der Retter in der Stadt Bethlehem geboren werden wird. Das war ein ganz wichtiger Hinweis."

Als Nächste darf Lotta ihre Entdeckung vorlesen. Diese steht in der Bibel im Buch Jesaja, Kapitel 7, Vers 14. Iris erklärt dazu: „Viele dachten, dass der Retter als mächtiger König kommen wird. Keiner rechnete damit, dass er als kleines, hilfloses Baby auf die Welt kommen würde. Doch alle, die diesen Hinweis Gottes kannten, wussten, dass es genau so passieren würde. Und sie kannten sogar schon einen der Namen von Jesus."

Luis fällt ein: „Das sind ja genau die gleichen Bibelstellen wie letztes Jahr auf der Schatzkarte!" Schnell erzählen die Kinder von ihrem Abenteuer auf dem Weihnachtsmarkt im letzten Jahr.

Iris ist beeindruckt: „Dann kennt ihr diese Hinweise Gottes ja schon! Sie waren eine richtig große Ermutigung für die Menschen, die daran glaubten, dass Gott sein Versprechen irgendwann einlösen wird. Doch es vergingen noch viele, viele Hundert Jahre, ohne dass etwas passierte. Doch eines Tages war es dann endlich soweit. Die Rettungsaktion Gottes begann."

Iris schaut zur Tür, wo einer der Helfer steht und Iris kurz zuwinkt. „Leider müssen wir hier erst mal unterbrechen", sagt sie entschuldigend zu den Kindern. „Bei nächster Gelegenheit zeige ich euch die weiteren Stationen."

„Das ist immer so", seufzt Sophie, nachdem Iris mit dem Helfer zusammen weggegangen ist. „Wenn es spannend wird, muss man auf die Fortsetzung warten."

„Ich schlage vor, dass wir die Zeit für unseren anderen Fall nutzen und unsere Befragung starten", schlägt Julius vor. Damit sind alle einverstanden.

Abdul will nur schnell noch seinen Schraubenzieher suchen, den er gestern irgendwo am Weihnachtsbaum verloren hat. Nachdem er unter den Baum gekrochen ist, ruft er plötzlich: „Alter Falter, was is das? Luis, Joschua kommt mal hier runter."

Die beiden Jungen kriechen unter den Weihnachtsbaum. Es stinkt wieder stark nach Pipi und an dem Baumstamm hängt ein weiteres Büschel dreifarbiger Haare. Was hat das zu bedeuten? Luis schiebt sich unter dem Baum hervor, rennt in die Zentrale und kommt mit einem kleinen Plastikbeutel und Einweghandschuhen zurück. Abdul und Joschua haben die anderen hergeholt. Luis tütet das Haarbüschel ein und die Detektive sitzen eine Weile ratlos um den Baum herum.

Lotta spricht als Erste. „Also, ich finde, das spricht nun eindeutig gegen ‚G'. So schlecht, wie die sich bewegen kann, kommt sie nicht unter den Baum."

Luis kombiniert weiter. „Niemand geht unter den Baum zum Pinkeln. Hier gibt es Klos. Und kein Mensch kratzt seinen Kopf an einem Baumstamm!"

Julius will es auf einen letzten Versuch ankommen lassen. „Ich nehme das Beweisstück jetzt mit und helfe ‚G' beim Aufräumen. Dabei vergleiche ich es unauffällig mit ihren Haaren. Wenn das auch negativ ist, nehmen wir ‚G' von der Liste der Verdächtigen."

Julius macht sich auf den Weg, während sich die anderen auf die verschiedenen Stationen aufteilen. Für Julius ist es leicht, Gertrud wieder in ein Gespräch zu verwickeln. Während Gertrud erzählt, bückt sie sich langsam, um ein paar Scherben vom Boden aufzuheben.

Julius nutzt die Chance. Er nimmt das Haarbüschel aus der Tüte, beugt sich nach vorn und hält es an Gertruds Haare. Die Farben sind sehr ähnlich, aber nicht gleich. Schnell lässt Julius das Büschel wieder in der Tüte verschwinden. Nachdenklich reibt er sich mit der Hand durchs Gesicht. Was für ein komplizierter Fall! Plötzlich fährt dieses unangenehme Kribbeln in seine Nase. Julius niest heftig, einmal, zweimal, dreimal.

„Oh, Junge, was ist passiert? Bist du gegen irgendetwas allergisch, vielleicht gegen den ganzen Staub hier oder die Pflanzen? Möchtest du ein Taschentuch?" Gertrud reicht Julius fürsorglich ein Papiertaschentuch.

20.
Dezember

„Danke. Ich bin gegen Hunde allergisch." Julius putzt sich die Nase. Als er das Taschentuch in seine Hosentasche steckt, fällt das Tütchen mit dem Haarbüschel heraus. Gertrud bemerkt die Haare darin. „Die sehen aus wie Bonnys. Leider verliert sie immer solche Büschel, wenn sie sich an Bäumen kratzt. Das ist nämlich ihre Lieblingsbeschäftigung."

Mit dem nächsten Nieser hat Julius plötzlich einen neuen Verdacht! Schnell benutzt er nochmals das Taschentuch, rennt zur Saaltür und stößt einen lauten Pfiff aus. Die Helfer im Saal drehen sich zu ihm um, die Gespräche verstummen.

„Alle Detektive in die Zentrale", ruft Julius in die Stille hinein. Die Kinder machen sich eilig auf den Weg. Als alle in der Garderobe sind, hat Julius bereits die Tafel mit den Hinweisen in die Mitte gestellt. Dann sucht er in dem Stapel der übriggebliebenen Fotos und wird fündig. „Ich glaube, ich weiß jetzt, wer der Täter war: Bonny!"

Sophie schaut sich fragend um: „Wer ist Bonny?"

Julius hält ein Foto von der Hündin hoch und pinnt es mitten auf die Tafel mit den Hinweisen. „Bonny ist ‚G's Hund. Der Hund war zur Tatzeit hier in der Stadthalle."

„Die Kratzspuren und die abgebissene Ecke an den Zehn Geboten passen zu dem Hund", fällt Luis ein.

„Mann ey, der Hund hat an den Weihnachtsbaum gepinkelt!" Abdul schlägt sich mit der flachen Hand an die Stirn.

„Und ich habe den Pfotenabdruck in der verschütteten Blumenerde gefunden. Das war gar nicht beim Aufbau, das war zur Tatzeit", kombiniert Joschua.

„Ja, und ich habe das Haarbüschel gesehen." Aylin zeigt auf das Foto in Julius' Hand. „Bonny ist ein Collie, so einen hat meine Tante auch. Und der hat auch so ein dreifarbiges Fell."

„Genau, durch die Haare bin ich drauf gekommen", erklärt Julius. „Ich habe eine Hundeallergie, und gerade, als ich das Büschel mit ‚G's Haaren verglichen habe, musste ich wie verrückt niesen."

„Auch wenn alle Beweise für Bonny sprechen, wieso macht ein Hund alles kaputt? Bonny ist nicht böse, das weiß ich!" Lotta kann sich einfach nicht erklären, warum der liebe Hund so ein Chaos anrichten kann.

„Hamsterkacka!", ruft Sophie plötzlich. „Ich hab doch Hamsterkacka gefunden. Mein Hamster Goldi ist mal im Garten ausgebüchst, und da hat der Hund von unseren Nachbarn Goldi so gejagt, dass der fast gestorben ist. Der konnte sich grade noch in ein Loch unter dem Gartenhaus retten."

„Vielleicht ist der Hamster auch eine Maus", überlegt Joschua. „Bei meinem Opa sind schon mal Mäuse in der Werkstatt, weil er so nah am Wald lebt. Und die Krümel, die Sophie gefunden hat, können auch Mäusekacke sein." Joschua zeigt auf die Tüte mit dem Beweismittel.

Julius schaut nachdenklich auf die Fotos mit all den kaputten Gegenständen. „Das macht absolut Sinn. Bonny hat eine Maus durch den Saal gejagt, als Gertrud geschlafen hat. Dabei sind die Dinge umgefallen und kaputt gegangen. Bonny ist nicht so stark und konnte deshalb das Kreuz und den Weihnachtsbaum nicht umwerfen. Trotzdem finde ich, dass es ein bisschen viel Chaos für so einen kleinen Hund ist ..."

„Die lange Leine!" Lotta erinnert sich an die lange orangefarbene Leine, mit der Bonny an Gertruds Stuhl befestigt war. „Wenn sie mit der Leine durch den Saal rennt, bleibt sie doch überall hängen und zieht alles möglich hinter sich her. Vielleicht hat sie zuerst nur mit dem Apfel gespielt und dann ist die Maus aufgetaucht und die Jagd ging los."

„Ja, und die Maus hat sich hinter den Zehn Geboten versteckt, und Bonny hat gekratzt und zugebissen", überlegt Luis weiter.

„Und dann hat sie die Maus gefressen und zufrieden an den Baum gepinkelt!", beendet Abdul die Geschichte.

„Na, ob sie die Maus wirklich gefressen hat, wage ich zu bezweifeln. Aber Leute, ihr seid großartige Detektive!" Julius hält beide Daumen hoch. „Jetzt müssen wir das nur irgendwie Gertrud beibringen. Ich befürchte, dass die sehr traurig sein wird, wenn sie erfährt, dass Bonny an allem schuld ist."

21.
Dezember

„Wir müssen Gertrud das nicht sagen. Wir können es doch für uns behalten", schlägt Lotta vor.

Luis betrachtet alle Beweise auf der Tafel. „Du meinst, wir haben den Fall tatsächlich gelöst, haben mehr rausgefunden als die Polizei, und jetzt darf das niemand wissen?"

Lotta nickt. „Es macht doch keinen Unterschied. Dank Julius kommen immer mehr Leute vorbei und bringen neue Gegenstände, damit alles wieder aufgebaut werden kann. Und wir haben bewiesen, dass wir echt coole Detektive sind. Warum sollten wir Gertrud jetzt traurig machen?"

Der Vorhang wird zur Seite geschoben und Gertruds Kopf schaut um die Ecke. „Warum sollte ich traurig sein?"

Niemand spricht ein Wort. Gertrud kommt langsam näher und betrachtet die Tafel mit allen Beweisen und dem Foto von Bonny in der Mitte.

„Ich habe es befürchtet, als du mir gerade das Haarbüschel gezeigt hattest. Jetzt sehe ich hier alles bewiesen. Meine kleine Bonny ist der Einbrecher!" Gertrud holt ein Handy aus der Tasche, wählt, und hält es dann an ihr Ohr. „Hallo Daniel, könntest du bitte in die Stadthalle kommen? Ich fürchte, jetzt hat es sich tatsächlich gelohnt, die Versicherung abzuschließen. Ja, ich bin hier. Danke, bis gleich!" Gertrud setzt sich auf einen Stuhl. „Wisst ihr, mein Enkel hat mir geraten, für die wilde Bonny eine Hundehaftpflicht-Versicherung abzuschließen."

„Wird Bonny jetzt verhaftet?" Lotta möchte nicht, dass dem Hund etwas Schlimmes passiert.

„Nein", beruhigt Gertrud sie. „Haftpflicht-Versicherung bedeutet, dass die Versicherung für den Schaden bezahlt, und nicht ich." Gertrud steht auf. „Dann will ich mal den Daniel in Empfang nehmen, und ihr könnt Iris und den anderen Bescheid geben!"

„Heißt das, wir dürfen erzählen, dass Bonny der Einbrecher war?", will Luis wissen.

„Selbstverständlich, sie war es doch." Gertrud humpelt nach draußen und Bonny, die wieder im Eingangsbereich angebunden ist, bellt freudig.

„*Der Fall X-mes* ist gelöst." Julius reckt die Faust nach oben. Die Kinder jubeln laut.

„Was ist denn hier los?", fragt Iris erstaunt. Alle Kinder reden durcheinander.

„Bonny war der Einbrecher! Und wir haben das herausgefunden!", berichtet Luis aufgeregt.

„Und Gertrud hat eine Versicherung, die bezahlt den Schaden!" Lotta ist so erleichtert.

„Na, das sind ja Neuigkeiten!" Iris muss sich erst mal auf einen Stuhl setzen. „Die süße, kleine Bonny ... Na, so was! Aber ich bin richtig erleichtert, dass keine böse Absicht hinter dieser ganzen Verwüstung steckt. Das hat mir ehrlich gesagt ziemlich zu schaffen gemacht." Sie lächelt die Kinder dankbar an. „Ihr seid wirklich klasse! Ihr habt den Fall super gelöst!"

Im selben Moment kommt Gertrud, gefolgt von einem jungen Mann, zurück. Das muss Daniel sein. Der steuert direkt auf die Tafel mit den Fotos zu und pfeift überrascht.

„Da hat dein Hund aber mächtig gewütet! Jetzt müssen wir in Ruhe berechnen, was dir die Versicherung zahlen kann." Er nickt den Kindern anerkennend zu. „Mit den Fotos haben wir ausreichend Beweismaterial. Darf ich ein paar davon ausleihen? Gertrud sagte mir, ihr seid hier die Ermittler."

Selbstverständlich sind die Detektive damit einverstanden!

Plötzlich fällt Lotta etwas ein. „Und was ist mit dem verschwundenen Kerzenständer? Der ist doch immer noch weg!"

Im Raum wird es ganz still. Die anderen nicken langsam, bevor Luis ausspricht, was alle denken.

„Dann haben wir den Fall doch noch nicht ganz gelöst. Offensichtlich gibt es noch einen Dieb, der das ganze Chaos ausgenutzt hat, um unbemerkt den Kerzenständer zu stehlen."

Daniel macht sich eine Notiz in seine Akten und sagt dann ernst in die Runde: „Bevor der Fall nicht vollständig gelöst ist, wird die Versicherung nichts bezahlen. Tut mir leid."

Abdul ergreift das Wort. „Echte Detektive lassen sich durch Niederlagen nicht aufhalten!" Er schaut seine Freunde herausfordernd an. „Wir machen weiter, bis wir den Dieb gefunden haben!"

„Ja!", rufen die anderen entschlossen.

22.
Dezember

„Ich schlage vor, dass wir da weitermachen, wo wir vorhin aufgehört haben", schlägt Julius vor. „Es spricht viel dafür, dass sich der Dieb in unseren eigenen Reihen befindet."

Iris und Gertrud schauen die Kinder erschrocken an, nicken dann aber langsam, da leider tatsächlich viel dafür zu sprechen scheint.

„Okay", stimmt Iris zu. „Mir ist zwar echt nicht wohl bei der Sache, da ich keinen der lieben Helfer verdächtigen möchte, auch wenn ich einige von ihnen nicht so gut kenne. Aber eine bessere Idee habe ich leider gerade auch nicht. Es wäre mir nur wichtig, dass ihr keinen voreilig beschuldigt und eure Fragen behutsam und unauffällig stellt."

„Ehrensache!", meint Abdul und spricht dabei auch für seine Freunde.

Die Detektive teilen sich wieder in Zweiergruppen auf. Sophie und Aylin unterstützen zwei junge Frauen beim Befestigen von Tüchern an einer Wand, die Bonny heruntergerissen hatte. Beide Frauen haben ein festes Alibi für die Tatzeit, sodass sie von der Verdächtigenliste gestrichen werden müssen. Die anderen Detektive kommen zu denselben Ergebnissen. Enttäuscht treffen sie sich nach einer Stunde am Weihnachtsbaum.

Als Iris dazukommt, zuckt Joschua mutlos mit den Schultern. „Fehlanzeige. Alle haben ein Alibi. Vielleicht ist der Täter doch ein Fremder."

Luis hat eine Idee und teilt diese aufgeregt den anderen mit. „Vielleicht war es ja der Hausmeister?"

Iris ist skeptisch. „Das kann ich mir eigentlich nicht vorstellen, aber ich werde Herrn Helmer nachher mal ein paar Fragen stellen, sobald er wieder zurück ist. Er sagte mir vorhin, dass er zum Baumarkt fahren würde und deshalb eine Stunde weg wäre."

„Und was machen wir so lange?", fragt Aylin.

„Was haltet ihr davon, wenn ich euch in der Zwischenzeit die nächste Station in unserer Geschichte vorstelle?", schlägt Iris vor. „Wir sind nämlich jetzt fast bei Weihnachten angelangt."

„Au ja", meint Sophie begeistert. Sie will endlich wissen, wie die Geschichte mit Gott und den Menschen weiterging.

In dem abgeteilten Raum, den die Kinder nun betreten, ist es fast ganz dunkel. Nur ein künstliches Feuer brennt in der Mitte. Die

Kinder setzen sich auf die weichen Felle, die um das Feuer herum auf dem Boden liegen. Im Hintergrund ist das Blöken von Schafen zu hören.

„Stimmt's, wir sind bei den armen Hirten auf dem Feld!" Lotta fällt die lebendige Krippe auf Heikos Weihnachtsbaumhof ein, als sie und die anderen Kinder erschrocken zusammenfahren. Ein grelles Licht blendet sie in den Augen, und eine Stimme ertönt aus einem Lautsprecher: „Fürchtet euch nicht! Für euch ist heute der Retter geboren. Geht schnell nach Betlehem. In einem Stall werdet ihr ihn finden." Ein wunderschönes Lied schließt sich an diese Worte an, und dann ist es plötzlich wieder ganz still und dunkel.

„Alter!", meint Abdul, der sich wieder von seinem Schrecken erholt hat. „Das war krass!"

„Ja", stimmt Iris zu. „Die Hirten waren damals genauso erschrocken wie ihr gerade. Endlich war es so weit! Gott hatte den Menschen tatsächlich den versprochenen Retter geschickt. Und es erfüllte sich alles genau so, wie Gott es vor vielen Hunderten von Jahren angekündigt hatte. Davon können wir uns in der nächsten Station überzeugen. Kommt ihr mit?"

„Na klar!", rufen die Kinder und sind schon ganz gespannt, was sie gleich sehen werden.

„Ist das schön!", ruft Aylin begeistert. „Das ist, als hätte uns jemand in die Krippe meines Opas gebeamt!"

Iris lacht. „Ja, wir haben uns bei dieser Station richtig viel Mühe gegeben, und das ist auch die einzige, in der fast nichts kaputt ist."

Die Kinder setzen sich staunend in die dicke Heuschicht, die auf dem Boden verteilt ist, und betrachten die Holzkrippe, in der eine Babypuppe liegt, und die Schaufensterpuppen, die Maria und Josef darstellen.

„Die lebensgroßen Stofftiere hat uns das Spielwarengeschäft der Stadt ausgeliehen", erzählt Iris.

„Die sind so süß!" Lotta streichelt den Esel und will zu dem Schäfchen rübergehen, als sie plötzlich stolpert. „Huch, was liegt denn da!?" Lotta tastet suchend in dem Stroh und holt einen Gegenstand hervor. Erstaunt blicken die Kinder auf das, was Lotta nun in die Höhe hält.

23. Dezember

„Der Kerzenständer!", ruft Lotta begeistert.

„Das gibt's doch nicht!" Alle rufen aufgeregt durcheinander, während Lotta den Gegenstand, über den sie gerade gestolpert war, an Iris weitergibt. Die schaut sich das wertvolle Stück genau an und stellt erleichtert fest, dass es unbeschädigt ist.

„Nun haben wir den Fall endgültig gelöst", erklärt Julius mit feierlicher Stimme. „So, wie es aussieht, hat Bonny den Kerzenständer für einen Knochen gehalten und ihn hier im Stroh vergraben."

Die Erleichterung ist bei allen groß. Gertrud informiert Daniel, der nun doch die Unterlagen zum Versicherungsschaden fertigstellen kann.

Während die Detektive zufrieden und stolz ihre Zentrale aufräumen, macht Iris einen Rundgang durch alle 24 Stationen. Die Helfer haben in den letzten Tagen wirklich großartige Arbeit geleistet. Dank der vielen Sachspenden, die nach Julius' Aufruf abgegeben wurden, konnten viele der kaputten Gegenstände ausgetauscht werden und die Ausstellung sieht an manchen Stellen sogar noch schöner aus als vorher.

„Die abgebrochene Ecke von den Zehn Geboten behalte ich als Erinnerung an diesen coolen Fall", erklärt Joschua gerade, als Iris mit einer fremden Frau zu den Kindern kommt.

„Das ist Frau Kielmann", erklärt Iris. „Sie ist eine Reporterin von der Zeitung und würde euch gerne ein paar Fragen zum gelösten Fall stellen.

Damit sind die Kinder natürlich sofort einverstanden.

„Unsere Ermittlungen gingen zuerst in die völlig falsche Richtung", beginnt Julius zu berichten. „Doch dank unserer aufmerksamen Suche und guten Kombinationsfähigkeit haben wir die Täterin überführt."

Die Reporterin ist sehr beeindruckt. „Weiß man schon etwas über die Motive für die Tat? Und hat die Täterin schon gestanden?"

Luis räuspert sich. „Tja, als Motiv könnte man Jagdinstinkt nennen, und für das Geständnis suchen wir noch einen Übersetzer."

„Die Täterin ist ein Hund", klärt Lotta lachend auf. „Das sehen Sie hier auf der Beweistafel. Alle Hinweise führten zu Bonny, der Collie-

Hündin. Sie hat wohl eine Maus gejagt und mit ihrer langen Leine alles mittgerissen und dabei die Zerstörung verursacht."

Frau Kielmann macht sich viele Notizen und fotografiert Beweisstücke und Fotos, die noch an der Tafel kleben.

In diesem Moment kommt Gertrud mit Bonny zur Tür herein. Der Hund bellt laut, reißt sich los und begrüßt die Kinder freudig. Gertrud strahlt über das ganze Gesicht.

„Iris, Kinder, die Versicherung zahlt für den Schaden. Sie überweisen mir eine große Summe!"

Die Reporterin hält Gertrud sofort ein Aufnahmegerät unter die Nase: „Was werden Sie mit dem Geld machen, Frau ...?"

„Weisner. Mein Name ist Gertrud Weisner. Ich werde das Geld selbstverständlich der Ausstellung spenden, denn die hat Bonny ja kaputt gemacht. Außerdem werde ich die Detektive bezahlen, denn nur durch sie ist alles ans Licht gekommen!" Gertrud klatscht vor Freude in die Hände und die Kinder jubeln laut. Die Reporterin nimmt ihre Kamera und fotografiert die ausgelassene Stimmung.

Am nächsten Morgen können die Zwillinge nicht oft genug den Bericht in der Zeitung anschauen.

„*Der Fall X-mes* ist gelöst!" steht über dem großen Artikel mit vielen Fotos. Die meisten davon hat Lotta gemacht. Das größte Bild ist jedoch von der Reporterin und zeigt die Kinder und Gertrud jubelnd und Bonny bellend.

Abdul bringt den Artikel mit in die Schule. Ein dickes Grinsen bleibt den gesamten Schultag in seinem Gesicht.

„Hab ich's gesagt, Alter! Hab ich's gesagt! Wir kommen in die Zeitung und werden berühmt!"

„Und wir bekommen sogar noch eine Belohnung, hat Gertrud gesagt! Ich weiß gar nicht, ob ich mich mehr auf die Belohnung freue oder auf die Geschenke an Heiligabend!" Sophie ist ganz aufgeregt.

„Ich freue mich am meisten darüber, dass wir am Heiligen Abend noch mal alle zusammen in die Ausstellung eingeladen sind. Das ist so schön dort und die Iris ist echt nett", schwärmt Aylin.

Lotta schaut sich ihre Freunde an. „Wir sind die Besten!"

„Und richtige Detektive", ergänzt Luis.

24. Dezember

Teil 1

Am Morgen des Heiligen Abends sind die Zwillinge doppelt aufgeregt. Dieser Tag ist so schon spannend genug, mit der geschlossenen Wohnzimmertür, dem leckeren Duft im Haus und der Vorfreude auf die Geschenke. Doch so aufgeregt wie heute waren die Zwillinge noch nie. Als sie ihre Freunde um 12 Uhr vor der Stadthalle treffen, sind die letzten Besucher schon weg. Am Eingang werden die Detektive feierlich von Iris und Gertrud begrüßt. Auch Julius ist da.

„Da sind ja unsere Helden!", ruft Gertrud und nimmt jedes der Kinder kurz in den Arm. Luis muss grinsen, als er sieht, dass Abdul das genauso peinlich ist wie ihm selbst.

„Ihr habt Großartiges geleistet", beginnt Iris. „Ohne euch wäre der Fall nicht gelöst, und wir hätten die Ausstellung nicht so schnell wieder eröffnen können. Es sind so viele Besucher gekommen und immer noch angemeldet, dass wir bis Silvester verlängern werden. Gertrud und ich haben eine Überraschung für euch vorbereitet. Und wir wollen euch mithilfe der fehlenden Stationen die letzten offenen Fragen zur spannenden Geschichte Gottes mit uns Menschen beantworten.

„Cool", meint Abdul, „ich hab nämlich immer noch keine Antwort darauf, was das Osterkreuz mit Weihnachten zu tun hat."

„Na, dann los!", ruft Iris lachend und führt die Kinder in den Raum mit dem Kreuz.

„Oh, da ist ja wieder der Graben zwischen den Menschen und Gott", entdeckt Aylin. „Schade, dass der immer noch da ist."

Iris nickt. „Bei den Weihnachtsstationen habe ich euch ja erzählt, dass Gott seinen Sohn Jesus als kleines Kind auf die Erde geschickt hat. Als erwachsener Mann erzählte Jesus den Menschen viel von Gott und lud sie ein, ein Leben mit ihm als Freund zu beginnen. Doch der Graben war immer noch da. Es gab nur eine Möglichkeit, dieses Problem zu lösen. Aber der Preis war ziemlich hoch."

„Ich weiß", flüstert Lotta. „Jesus musste sterben."

Iris nickt. „Ja, weil Jesus Gottes Sohn war und nie einen Fehler gemacht hatte, konnte nur er die ganze Schuld aller Menschen auf sich nehmen. Und das hat er aus Liebe zu uns gemacht, als er Ostern am Kreuz starb. Und stellt euch vor: Gott hat Jesus nach drei Tagen von den Toten auferweckt." Iris nickt Julius kurz zu, der ein etwas kleineres Kreuz unter einem Tuch hervorholt und über den Graben legt.

„Und seitdem gibt es eine Brücke. Eine, die von Gott zu den Menschen gebaut ist und durch nichts und niemanden zerstört werden kann", erklärt Iris.

„Das ist gut!", freut sich Sophie erleichtert.

Iris lächelt. „Jesus war danach noch einige Zeit mit seinen Freunden zusammen, ist aber dann wieder zu seinem Vater in den Himmel zurückgekehrt, weil er seinen Auftrag als Retter erfüllt hatte."

„Gut, dass Gott einen Plan hatte und Jesus das mitgemacht hat", findet Luis. „Sonst hätten wir nie mehr zu Gott kommen können. Jetzt kapier ich, warum Adam und Eva Weihnachten nötig gemacht haben. Und dass Weihnachten nur mit Ostern so richtig Sinn macht. Das ist alles *eine* Geschichte, die man nur versteht, wenn man sie komplett kennt."

„Stimmt!", pflichtet Iris ihm bei. „Und das Coolste kommt noch. Ich habe euch ja erzählt, dass ihr sogar ein Teil dieser Geschichte werden könnt."

Iris führt die Kinder in den letzten Raum mit einem großen, schön gedeckten Tisch, auf dem Weihnachtsplätzchen und Kakao stehen. Die Detektive setzen sich begeistert, während Iris und Gertrud allen Kakao einschenken. „Im Gegensatz zu Star Wars ist die Geschichte von Gott und den Menschen nicht erfunden, sondern tatsächlich wahr. Und da sich an Gottes Liebe zu uns Menschen bis heute nichts geändert hat, lädt er jeden von uns ein, über den Graben zu ihm zu kommen."

„Wie geht das?", will Sophie wissen.

24.

Dezember

Teil 2

Iris lächelt. „Es beginnt damit, dass du glaubst, dass die Bibel und was darin steht wahr ist. Wenn du dich Gott, dem Schöpfer von Himmel und Erde, zuwendest und im Gebet mit ihm redest, kannst du Gott um Verzeihung für die eigenen Fehler bitten, und dafür, dass du bisher ohne ihn gelebt hast. Du kannst Jesus für das Geschenk danken, dass er deine Schuld auf sich genommen hat. Und dann darfst du fröhlich über die Brücke zu Gott gehen. Wenn du ab dann dein Leben mit Gott lebst, kann dich für alle Ewigkeit nichts mehr von Gott trennen."

„Mega cool!", meint Abdul beeindruckt. „Das hab ich so noch nie gehört."

Aylin ist etwas skeptisch. „Meine Mutter glaubt nicht, dass es Gott gibt. Ich finde die Geschichte echt schön, aber woher soll ich wissen, wer recht hat?"

„Das ist eine sehr wichtige Frage", stimmt Iris zu. „Es gibt viele glaubhafte Hinweise darauf, dass die Geschichte stimmt. Viele Menschen, auch viele Wissenschaftler, glauben daran. Aber letztendlich kann man sich erst so richtig sicher sein, wenn man es selbst ausprobiert hat. So wie man auch erst weiß, wie diese herrlichen Weihnachtsplätzchen schmecken, wenn man sie probiert hat."

„Sehr lecker!", bringt Joschua mit vollem Mund genüsslich heraus, und alle lachen.

„Wichtige Entscheidungen trifft man am besten ganz in Ruhe", erklärt Iris. „Das Wichtigste ist erst einmal, die Geschichte Gottes zu kennen und von dem Weg zu wissen, der über den Graben zurück zu Gott führt. Ob man diesen Weg dann auch gehen will, kann jeder nur für sich selbst entscheiden. Aus eigener Erfahrung kann ich euch sagen, dass es die beste Entscheidung meines Lebens war, dieses Geschenk Gottes anzunehmen und gemeinsam mit ihm durchs Leben zu gehen." Sie lächelt den Kindern zu. „Wenn ihr noch Fragen dazu habt, könnt ihr mir die gerne auch nachher noch stellen. Und jetzt hat Gertrud noch eine Überraschung für euch."

Iris nickt der älteren Frau zu, die einen großen Korb mit Geschenken und Briefumschlägen auf den Tisch stellt.

„Auch wenn ich zuerst ziemlich erschrocken war, als ich gehört habe, dass meine Bonny der Täter war, bin ich so froh, dass ihr den Fall gelöst habt!", beginnt Gertrud ihre kleine Rede. „Denn nur so konnte die Versicherung den ganzen Schaden bezahlen, der angerichtet wurde. Und das haben wir alleine euch zu verdanken! Ihr seid wirklich super!" Gertrud schaut dankbar von einem Kind zum anderen. „Und deshalb habt ihr euch auch eine Belohnung verdient."

Iris hilft der älteren Frau, die Geschenke und Umschläge an die Kinder zu verteilen.

„Boah krass! So viel Kohle, äh, Geld! Danke!", ruft Abdul begeistert, als er in den Umschlag schaut.

Gertrud schmunzelt. „Gern geschehen! Das habt ihr euch auch wirklich verdient!" Dann zeigt sie auf das Buch, das Sophie gerade ausgepackt hat.

„Hier in der Bibel könnt ihr die Geschichte Gottes mit den Menschen noch mal selber nachlesen", erklärt sie. „Für mich ist die Bibel das wertvollste Buch, das es gibt. Und weil wir so viele Dinge für die Ausstellung gespendet bekommen haben, ist von dem Geld der Versicherung noch etwas übrig geblieben. Deshalb haben Iris und ich beschlossen, davon Bibeln für Kinder und Erwachsene zu kaufen, um jedem Besucher eine schenken zu können. Wir haben bereits Hunderte verschenkt!"

„Dann ist ja doch noch was richtig Gutes aus der Katastrophe entstanden", stellt Lotta feierlich fest.

„Wie gut, dass Bonny so ein chaotischer Hund ist!", stimmt Julius ihr zu.

Abdul grinst. „Meinste, man kann so 'ne coole Versicherung auch für chaotische Kinder abschließen? Ich glaub, meine Eltern würden ziemlich reich werden!"

Alle lachen. Und sie sind sich darüber einig, dass das die spannendste Weihnachtsaktion war, die sie je erlebt haben.

Geheimtipp!

Das ist übrigens das Buch, das die Detektive geschenkt bekommen haben:

Vielleicht hast du Lust, die Geschichten von Gott selbst noch mal nachzulesen und viele weitere spannende Storys dort zu entdecken? Es lohnt sich!

Hier findest du weitere Infos dazu:
shop.bibellesebund.net

Vielleicht hast du auch schon deine eigene Bibel, weißt aber nicht so recht, wie du sie lesen kannst? Kein Problem! Wir haben ein cooles Heft für dich:

Wenn deine Eltern damit einverstanden sind, dass wir dir das Heft schenken dürfen, schreib einfach eine E-Mail mit deinem Namen, deiner Adresse und dem Stichwort „Mein Freund Jesus" an:
lotta-und-luis@bibellesebund.de
Dann schicken wir dir das Heft gerne kostenlos zu.
(Selbstverständlich behandeln wir deine Daten vertraulich und geben diese nicht an andere weiter.)

Mehr von Lotta und Luis:

Willst du noch mehr Geschichten von den Zwillingen und ihren Freunden entdecken? Hier findest du eine Übersicht über alle Bücher, CDs und Flyer:
shop.bibellesebund.net